これだけ！

貸借対照表　損益計算書

B/SとP/L

どこをどう見たら何がわかる？

見田村元宣

すばる舎リンケージ

はじめに

決算書を読めるかどうかは、目の付けどころを知っているかどうかで決まる

◎決算書とはなんだろう？

社会人の方であれば、「決算書」という言葉を、誰でも一度は聞いたことがあるでしょう。

会社は、1年に1回は「決算」という会社の業績を明らかにする手続きを行うことが、法律で義務付けられています（上場企業の場合は、四半期ごとに決算の数字を公開しています）。

それを、誰が見てもわかるように、共通のルールで書面化したものが決算書です。

決算書には、その会社がどれくらい儲かったのか、どれくらい借入をしているのか、何にお金を使ったのか、どういう資産があるのか……といった、企業活動の結果がひと

つひとつ金額で記載されています。

つまり、**決算書を読めば、企業運営上、どこに問題があるのかも見つけやすい**のです。

そして、この決算書のなかにはいくつかの種類があり、会社が上場か非上場かによって、作成上のルールや求められる書類が変わってきます。

決算書のなかでも、ある会社のお金の状態がどうなっているのか知りたいときには、いわゆる「財務3表」と言われる

- **貸借対照表（B／S）**
- **損益計算書（P／L）**
- **キャッシュフロー計算書（C／F）**

が便利です。

最初の2つは本書のテーマであり、本文中で詳しく説明していきます。

それぞれ、貸借対照表とは会社の資産、負債、純資産の状況を表したもの、損益計算書とは会社の売上、経費、利益の状況を表したものです。

3つめのキャッシュフロー計算書とは、資金の流れを表したものです。

これらを活用することによって、その会社の収益性や安全性などを数値化して、明確にすることができます。

だからこそ、たくさんの人がこの財務3表の読み方を知りたがり、今や「決算書」と言えば、この財務3表のことだと思っている人もいるくらいです。

ただし、この3つのなかで、キャッシュフロー計算書（C／F）に関しては、非上場企業には作成義務がありません。

割合で言えば、日本の会社の99％以上は非上場企業ですから、実際のところキャッシュフロー計算書を作成している会社はごく少数です。

中小企業は、必要最低限の書類しか用意しないところが多数ですから、「貸借対照表」と「損益計算書」が中心的な決算書ということになります。

したがって、決算書から会社の経営状態を分析しようとする場合、

- **貸借対照表（B／S）**
- **損益計算書（P／L）**

の2つの書類から、「経営状態はどの程度良好か」「どこかに問題が隠れていないか」

といったことを、ある程度読み取れるようにならなくてはなりません。

それが今回、「貸借対照表（B／S）」と「損益計算書（P／L）」の2つに絞って、徹底的に見方のポイントを解説していくことにした理由です。

◎少ない情報でも、会社の事情は読み取れる

実のところ、「貸借対照表」や「損益計算書」に関して、ちゃんと「読み方」を知っている人は多くありません。

たとえば、銀行員の方は決算書に触れる機会も多いはずですが、基本的な経営分析の意味を理解されていない方も少なくありません。

金融関係以外の会社員の方であっても、新規の取引にあたっての与信チェックで決算書の見方に戸惑う方は多いでしょう。出世すれば当然会議などで決算書を見ることも増えるでしょうが、ちんぷんかんぷんな方もいるはずです。

中小企業の社長の場合は、ご自身の会社であっても、実はあまり数字について理解されていない方も多く見受けられます。たとえば、「御社の固定費（売上に関係なく、毎月一定に必要な経費）はいくらですか？」とお聞きしても、即答できない方もたくさん

いらっしゃいます。

投資家の方であれば、投資判断をするにあたって決算書も見るでしょう。

この場合、上場企業が対象となりますので、貸借対照表と損益計算書しか見ないということはないでしょうが、やはりベースになる指標として見るべきポイントを押さえておくことは重要なはずです。

もちろん、上場会社であれば、『会社四季報』や『日経会社情報』、新聞の「決算公告」をはじめ、その会社のホームページなどに、さまざまな情報が公開されていますので、多方面からの分析が可能です。

一方、非上場企業（中小企業）では、情報といっても最低限であり、東京商工リサーチや帝国データバンクの資料が唯一の財務データである場合もあります（ここに決算書のデータが登録されていない企業もたくさんあります）。

重要なのは、そういった限られた情報のなかでも分析を行える知識や基準を持つことですから、本書では、貸借対照表や損益計算書に単に「何が書いてあるのかわかる」ということではなく、「書いてある数字の裏に、どんな問題点や事情が隠されているのかを推測

できるようになる」ことを目的としています。

◎数字に表れる傾向を押さえておこう

本書は、会社の経営を知るために決算書を活用したいけれど、その活用方法がよくわからないという方に向けて、私なりの税理士としての経験を踏まえて貸借対照表と損益計算書の読み方を書いたものです。

基礎知識がなかったりあやふやな人のために、基本的なことから丁寧に説明していきますが、決算書に関してある程度の知識がある方にも納得してお読みいただけるよう、応用的なこと、実務的に注意すべきことなども含めて解説しています。

また、我々、財務のプロが会社の決算書をチェックする場合、表面上の数字からは見えない（＝外からは絶対にわからない）、ヒアリングしないとハッキリしないポイントもたくさんあります。

そこで、**「ここがこういう数字の場合には、そういうこともあり得る」ということを、知識として頭のなかに留めておくことが、決算書を使って経営分析を行う際に役立つこと**

もあります。

もちろん、経営分析で企業の実態のすべてがわかるわけではないので絶対とは言い切れないのですが、ひとつの傾向として書類から推測できるいろいろな可能性を本書ではご紹介していますので、ぜひ参考にしてくださればと思います。

大切なのは、「この会社には、そういうリスクが含まれているかもしれない」という視点を持つことです。

それによって、貸借対照表や損益決算書から読み取れることは格段に増えますし、また、貸借対照表や損益計算書を見ることがダンゼン面白くなってきます。

本書が、みなさんの決算書を見る目を養うきっかけとなり、日常のビジネスの一助となれば、これほど嬉しいことはありません。

なお、本書は決算書に不慣れな方のために、あえて厳密な表現を避け、簡易的に記載している部分もございます。この点をご了承ください。

第１章

貸借対照表と損益計算書とはなにか？

第2章 貸借対照表の読み方と重要なポイント

第3章

貸借対照表から、会社の安全性を推し量る

第４章

損益計算書の読み方と重要なポイント

第5章

損益計算書から、会社の成長性と内情を推し量る

第6章 適正な収益を上げている会社か見極めよう

装丁――遠藤陽一（デザインワークショップジン）

第１章

貸借対照表と
損益計算書とはなにか？

1 「貸借対照表」と「損益計算書」でわかること

◎経営状態を簡単に判断できるツール

「貸借対照表」や「損益計算書」について、あなたはどのくらいご存じでしょうか。

本書を手に取られたということは、「ビジネスマンとして読めたほうがいいもの」くらいの認識はされているかもしれません。

しかし一方で、「これらの書類からなにを読み取ればいいのか、サッパリわからない」という方もいるでしょう。

「はじめに」でも書きましたが、私たちは、貸借対照表や損益計算書の数値から、その会社の経営状態をある程度判断することができます。

具体的になにがわかるかというと、

・その会社がどの程度儲かっているかを表す収益性
・企業経営が効率的であるかを表す生産性
・借入金の返済能力などを表す安全性
・売上や利益の伸び具合を示す成長性

などです。もちろん、漠然と書類を見ているだけではわかりません。**「どこをどのように見たらいいのか」のポイントを知ることが必要です。本書ではまさにそのポイントをお伝えしていきたいと思います。**

経営者の方なら、これらを把握することで、より適切な経営判断、投資判断などの意思決定がしやすくなります。

◎数値化できないことは表せないのが弱点

ただし、貸借対照表や損益計算書には、市場の状況や企業の内情（経営戦略、技術力、社員の状況など）については書いてありません。

経営分析には定性要因と定量要因とがあります。

定量要因とは、貸借対照表や損益計算書に数字として表れた要因を指します。

一方、定性要因とは、市場の状況、ビジネスモデルの強さ、従業員の意識、市場における顧客のイメージなどを指し、数値化できない部分を言います。

これらは貸借対照表や損益計算書からは読み取れないものです。

実際の経営分析では、こうした定性要因も含めて検証していくことが大切です。

ただし、定性要因というのは、外部からはなかなか予測しづらいものです。

したがって、どんな企業も作ることが義務付けられていて、かつ、目に見える判断材料としての貸借対照表と損益計算書を読み解けるようになることが、まずは大前提となるわけです。

貸借対照表と損益計算書からなにを読み取る？

★定性要因

- 市場の状況
- ビジネスモデルの強さ
- 従業員の意識
- 顧客のイメージ

……など

↓

数値化できない要因。
決算書からはわからない

★定量要因

- 預金、現金
- 売掛金、買掛金
- 借入金
- 支払利息、配当金

……など

↓

すべて金額で表されて、
決算書に記載されている

- その会社がどの程度儲かっているかを表す「**収益性**」
- 企業経営が効率的であるかを表す「**生産性**」
- 借入金の返済能力などを表す「**安全性**」
- 売上や利益の伸び具合を示す「**成長性**」

決算書から、こういうことを
読み取ることができる！

②「貸借対照表」のおおまかな構造

◎「資産」「負債」「純資産」を表している

それでは、具体的に「貸借対照表」と「損益計算書」がどのようなものか見ていきましょう。

貸借対照表とは、「設立から現在まで」の企業活動の結果を、決算日という時点で区切って金額で表したものです。

バランスシート〈Balance Sheet〉とも呼ばれていて、略してB／Sと表記されます。

「バランス」というのは、左側の「資産」の合計と、右側の「負債＋純資産」の合計が、常に一致するからです（27ページの図参照）。

貸借対照表では、「資産」「負債」「純資産」という3つの部に分けて、企業活動の結果

貸借対照表とはなにか

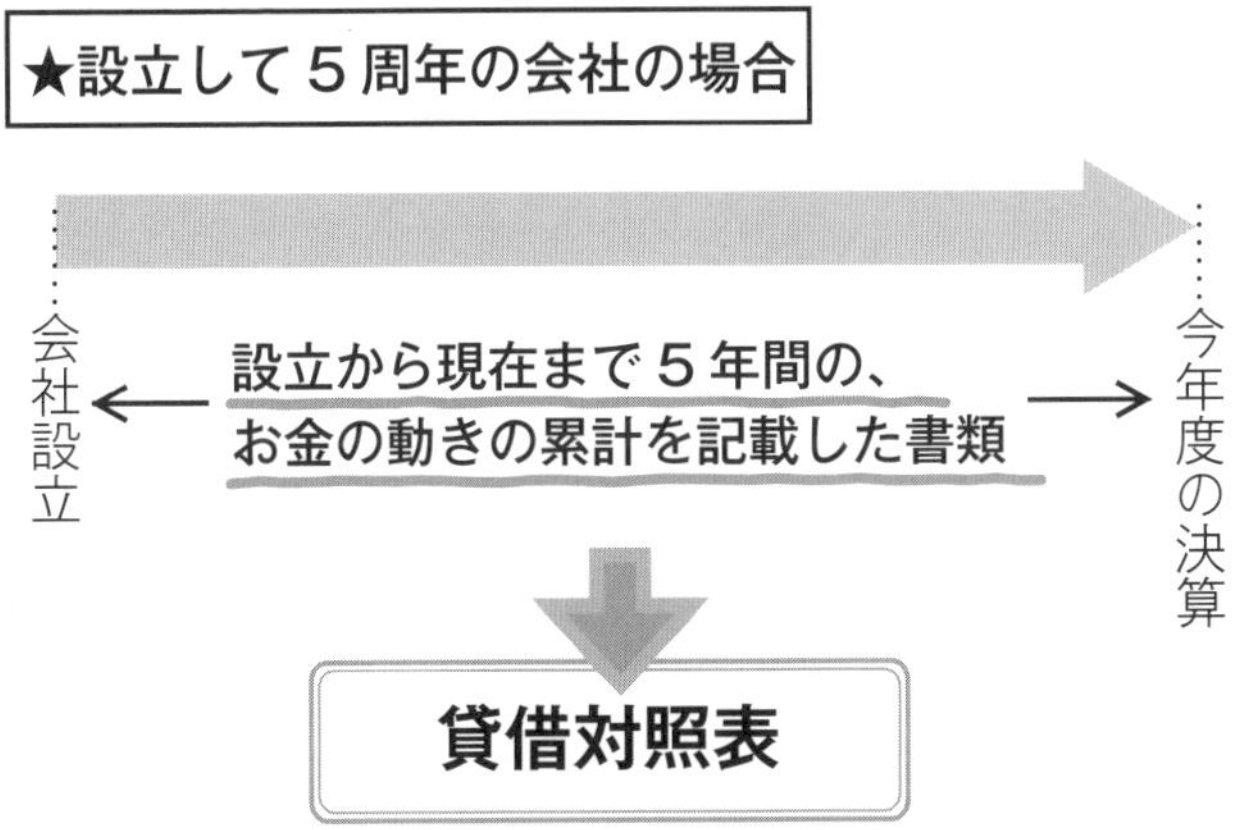

を記録しています。

ここで言う企業活動の結果とは、会社の資産、負債、純資産に含まれる、「会社の持ち物の価値」をそれぞれ金額で表したものです。

その記録を、会社ができて以来、毎年足し引きして更新し続けてきた結果が、今期の貸借対照表というわけです。

したがって、貸借対照表に記載されている内容は、人間の体で言えば健康診断の結果と同じです。

生まれてから今までの食生活や運動不足の結果が、高い血糖値などの数値になって表れている、昨年や一昨年と比較しても高くなっている……というように、企業の問題点を教えてくれるものなのです。

「資産」「負債」「純資産」のそれぞれの部には、次のようなお金が記録されています。

・**資産の部**
↓現金や、現金に変わる可能性があるものなど。流動資産、固定資産、繰延資産
・**負債の部**
↓借金などの他人に対して支払うもの。流動負債、固定負債
・**純資産の部**
↓資産から負債を差し引いたもの。資本金など

この3つでは、常に**「資産の部 − 負債の部 = 純資産の部」**という式が成り立ちます。

貸借対照表の大まかな形

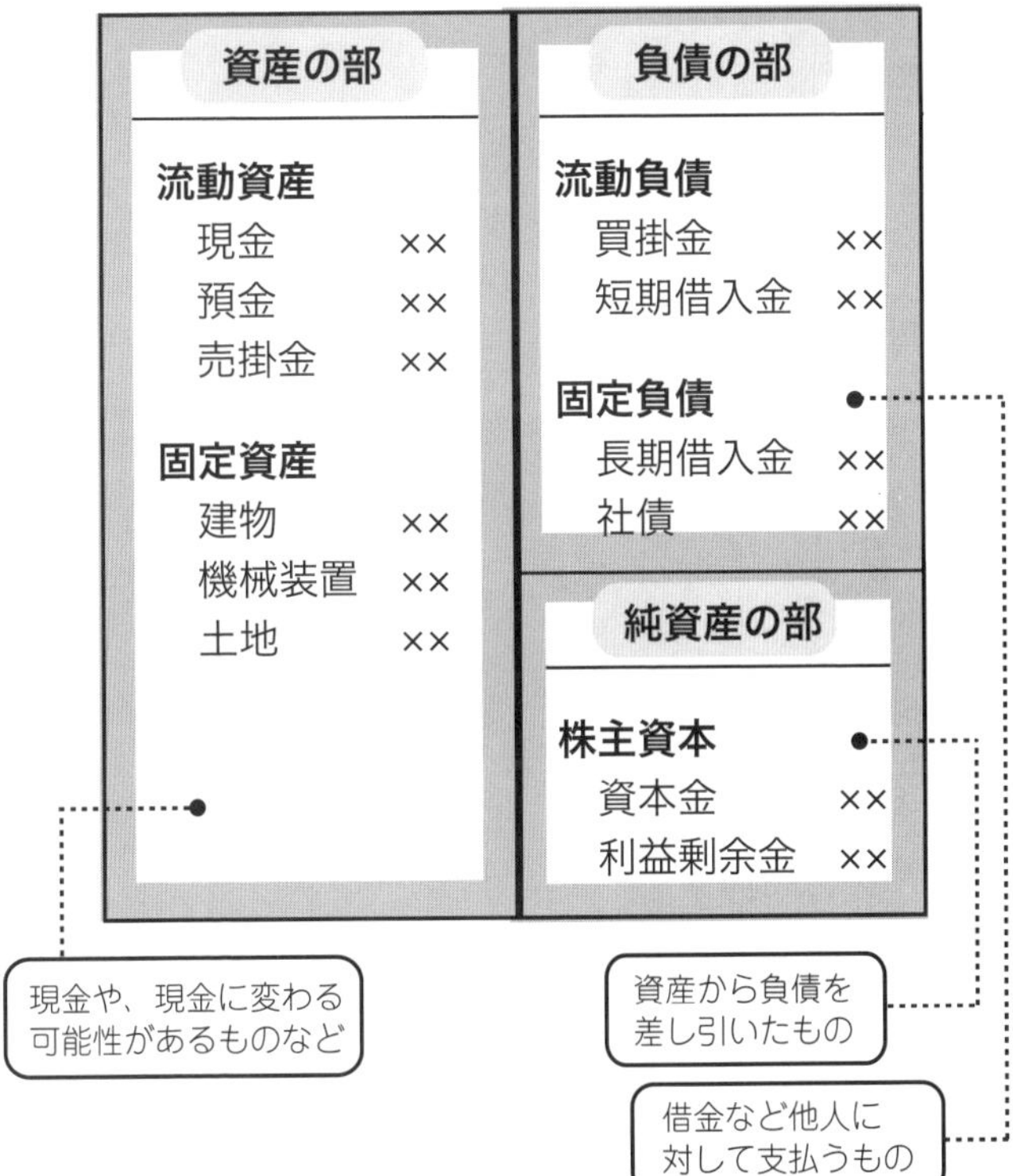

必ず以下の式が成り立つ！

資産の部 − 負債の部 ＝ 純資産の部

※つまり、「資産の部＝負債の部＋純資産の部」であり、
常に、左側の合計と右側の合計は一致する。

③「損益計算書」のおおまかな構造

◎「収益」「費用」「利益」を表している

一方、**損益計算書とは、通常は、「1年間」の企業活動の結果を金額で表したものを言います。**

今期の損益計算書と言えば、名前のとおり、この1年間の「損」と「益」を計算した書類のことです。

英語では〈Profit and Loss Statement〉と書き、略してP／Lと表記されます。

損益計算書で言うところの企業活動の結果とは、「会社に入ってきたもの」と、「出て行ったもの」、その差額である「利益」のことです。

それぞれ、

損益計算書とはなにか

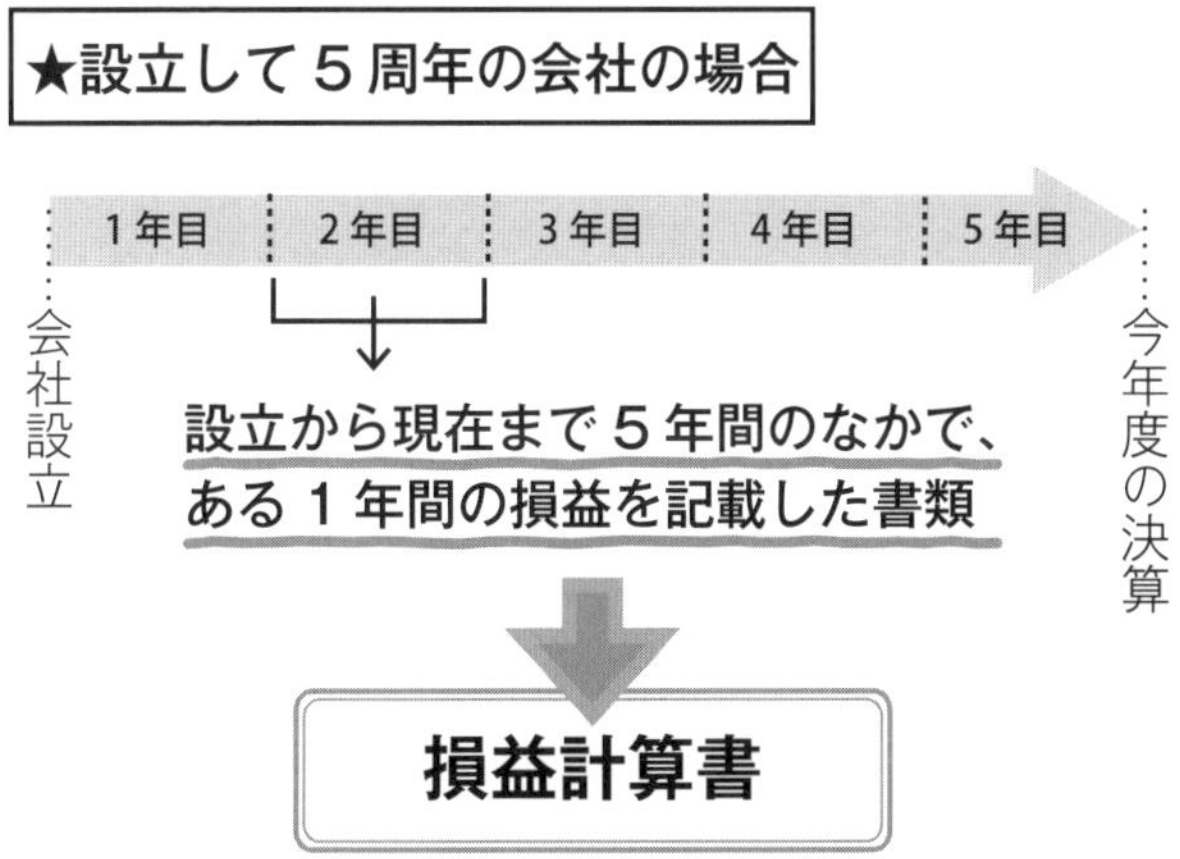

・会社に入ってきたものを「収益」
・出て行ったものを「費用」
・収益と費用の差額を「利益」

と呼びます。

したがって、この3つには**「収益－費用＝利益」**という式が成り立ちます。

31ページの図をご覧ください。

損益計算書は、上から順に大きく4つに分けられます。利益ごとに区切ると、次のように言えます。

・事業で得た利益
・経常的に出る利益

・臨時の損益も加えた利益
・最終的に得られる利益
あらゆる収益を足し、費用や税金を差し引いた結果、最終的に出てくる「当期純利益」というのが、純粋な会社の儲けとなります。


ただ実際には、すべての会社が決算を1年間で行うとは限りません。

会社設立1期目の会社（10月に設立して翌年の3月に決算月を迎える会社など）や、途中で事業年度を変更した会社（もともとは4月から3月が事業年度だったが、決算月を途中で12月に変更した会社など）は、当然1年より短い期間の結果になります。

また、数は少ないですが、世の中には半年決算法人と言い、事業年度そのものが6ヶ月間であるという法人もあります。

ですから、損益計算書とは、ある1期の企業活動の結果を表したもの（中間決算の場合は6ヶ月間、四半期決算の場合は3ヶ月間）」と覚えておけばいいでしょう。

損益計算書の大まかな形

科目		金額	
売上高	（収益）	5,000	
売上原価	（費用）	1,000	
販売費及び一般管理費	（費用）	2,000	
営業利益	（利益）	2,000	事業で得た利益
営業外収益	（収益）	1,000	
営業外費用	（費用）	300	
経常利益	（利益）	2,700	経常的に出る利益
特別利益	（収益）	500	
特別損失	（費用）	400	
税引前当期純利益	（利益）	2,800	臨時の損益も加えた利益
法人税等	（費用）	1,000	
当期純利益	（利益）	1,800	最終的に残る利益

要するに……

収益 － 費用 ＝ 利益

ということが書いてあります

④「貸借対照表」と「損益計算書」の関係

◎ある期の結果を累計に反映する

そして、貸借対照表と損益計算書には、お互いに密接な関係があります。企業運営のなかでお金の動きがあるときに、この２つに何が記載されるのか、単純化した例が左の図です。

（1）会社設立時には貸借対照表しかありません。銀行で借りた30円と自分が出した資本金70円で、現金１００円を持っている会社を作りました。

（2）実際に商売（企業活動）を行います。たとえば、商品を50円で仕入れ、90円で売った結果（売上90円－仕入50円＝利益40円）を、損益計算書に記録します。

その結果である「利益」を、貸借対照表に反映することで、これまでの累計が更新されました（利益の分だけ現金が増えたので、貸借対照表の左側も40円増えています）。

（1）銀行から借りた30円と、資本金70円で会社を作った（会社設立時なので、まだ利益は出ていない）

貸借対照表

現金 100円	借入金　30円
	資本金　70円

（資産100円＝負債30円＋純資産70円）

（2）商品50円を現金で仕入れ、90円で売れた（40円の利益が出た）

損益計算書

商品を売ったお金（売上）	90円
仕入にかかったお金（仕入）	50円
利益（売上−仕入）	40円

ある期間の利益を計算して……

貸借対照表

現金 140円	借入金　30円
	資本金　70円
	利益　40円

累計に反映する！（利益は純資産）

これが基本的な流れであり、もっと複雑になったのが現実の決算書です。

5 「貸借対照表」と「損益計算書」をまとめてみる

◎ひと目で全体を把握できる

ところで、「貸借対照表では常に右側の合計と左側の合計が釣り合う」というお話をすでにしましたが、さらに、**できあがった貸借対照表と損益計算書を足し合わせた場合も、常に右側の合計と左側の合計は一致します。**

左の図をご覧ください。

これを見て、「損益計算書にも右と左があるの？」と思われた方もいるでしょう。

これは、複式簿記のルールに基づいた仕訳です。

決算書には貸借対照表と損益計算書をまとめた書類なんてないので、これらを読むうえでは知らなくても問題ありません。ただ、まとめることによって2つの内容をひと目で把握できるという意味があるのでご紹介しておきます。

貸借対照表と損益計算書は、複式簿記においては右と左が常に同時に動く次ページのようなルールで記帳されます。

両者から「利益」を相殺することで、貸借対照表の「モノとして現在残っているものに関する金額」、損益計算書の「入ってきた金額と出て行った金額」が記録されることになります。

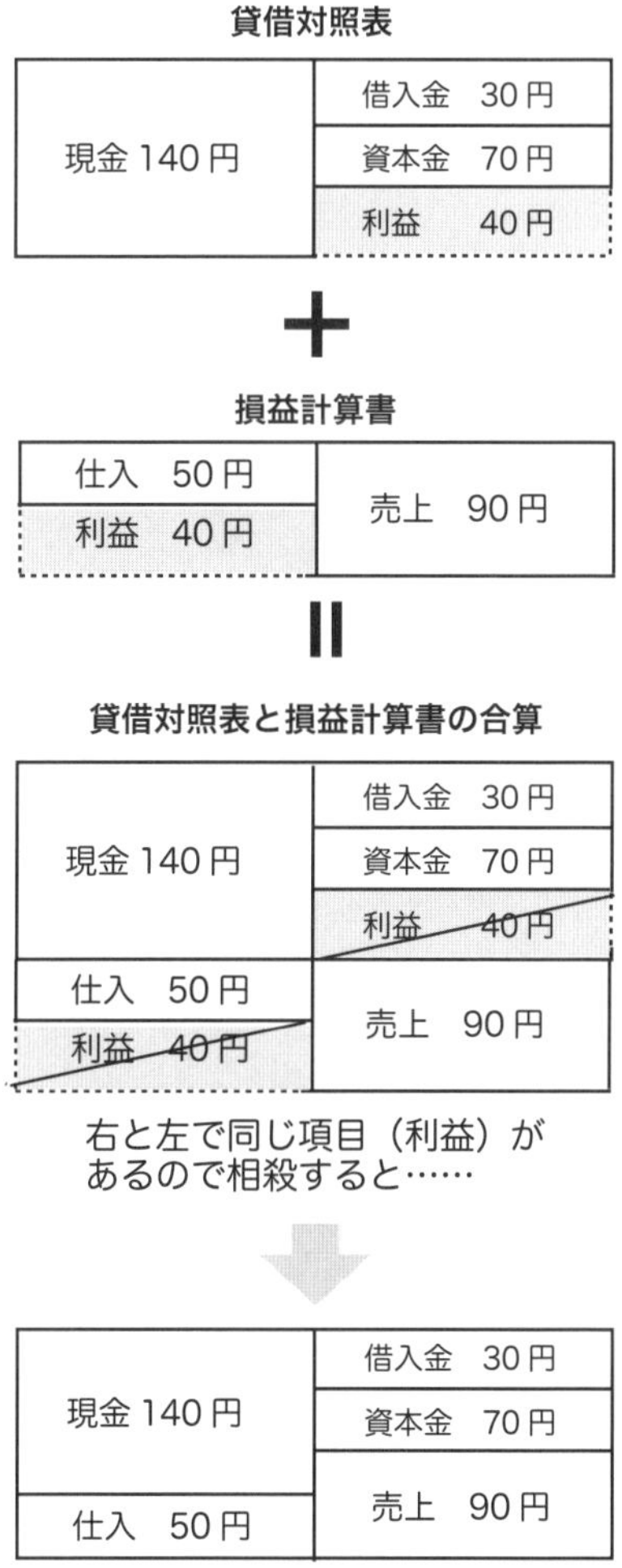

損益計算書に記載されている「収益」と「費用」、貸借対照表に記載されている「資産」と「負債」は、それぞれ次のように左右に分けられます。

・売上などの〈収益〉……減ったら左の数字が増える／増えたら右の数字が増える

売上90円が上がって（収益が増えた場合）、右に売上90円が表示されています。

・仕入などの〈費用〉……増えたら左の数字が増える／減ったら右の数字が増える

仕入50円をして（経費が増えた場合）、左に仕入50円が表示されています。

・現金などの〈資産〉……増えたら左の数字が増える／減ったら左の数字が減る

会社設立時の現金１００円が、商品が売れた後は１４０円となっています。増えた40円は左側で増えています。

・借入金などの〈負債〉……減ったら右の数字が減る／増えたら右の数字が増える

もし商品が売れたお金で借入金を全額返済すると、貸借対照表は38ページのようにな

左と右のとらえ方

❶売上などの収益

減ったら、左の数字が増える	増えたら、右の数字が増える

❷仕入などの費用

増えたら、左の数字が増える	減ったら、右の数字が増える

❶90円で商品が売れた
❷そのための仕入に
50円かかった

❸現金などの資産

増えたら、左の数字が増える	減ったら、左の数字が減る

❹借入金などの負債

減ったら、右の数字が減る	増えたら、右の数字が増える

※簿記では、左側を「借方《かりかた》」、右側を「貸方《かしかた》」と言います。

ります。

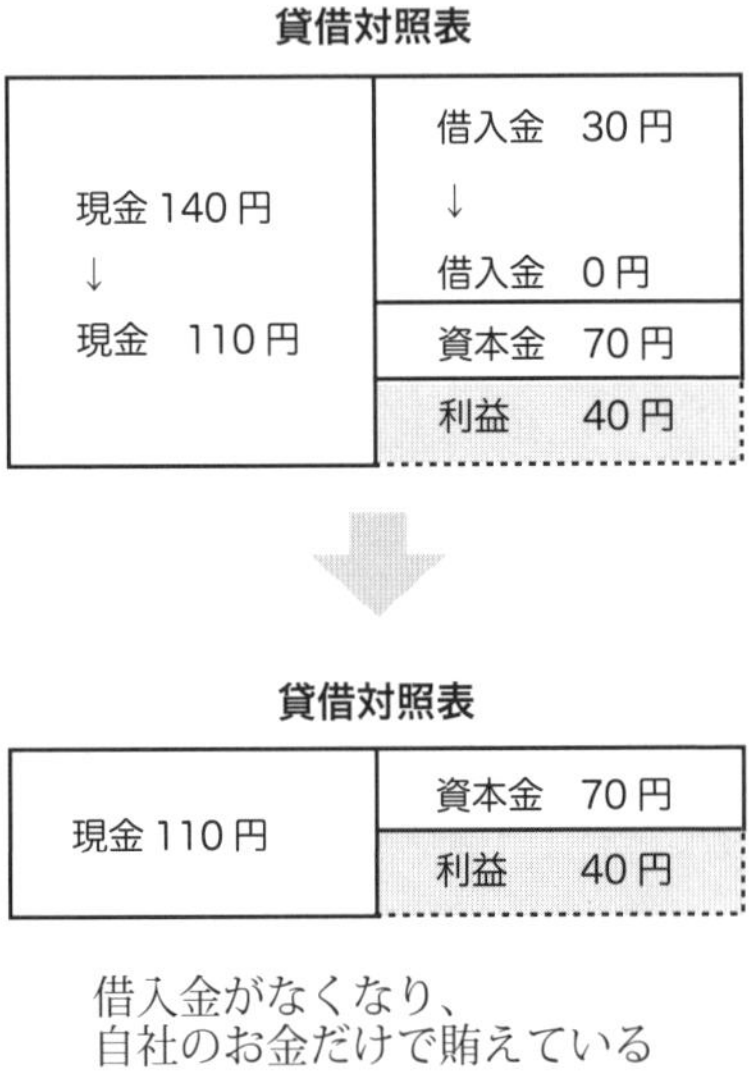

借入金がなくなり、
自社のお金だけで賄えている

ここでは、**損益計算書と貸借対照表が、表裏一体であることを覚えておきましょう。**

第1章
「貸借対照表と損益計算書とはなにか？」
のまとめ

□ 決算書からは、会社の収益性、生産性、安全性、成長性などを知ることができる

□ 数値化できない従業員の意識や、ビジネスモデルの強さなどを定性要因と言い、決算書から読み取ることはできない

□ 貸借対照表は、会社ができてから現在までの企業活動の結果を表したもの。毎年更新されて最新の会社の「持ち物」が、資産・負債・純資産の３つのカテゴリーに分けて表示されている

□ 損益計算書は、通常、ある１年間の企業活動の結果を表したもの。その年のお金の出入りを、収益と費用、その差額である利益で表している

□ 貸借対照表と損益計算書には密接な関係がある。１年間の企業活動の結果である損益計算書の利益は、現在までの累計結果である貸借対照表に反映される

第2章

貸借対照表の読み方と重要なポイント

1 貸借対照表でまず見るべきところ

◎大事なのはこの4つ！

第1章で、貸借対照表の構造をザックリとご紹介しました。

貸借対照表は、「資産（現金や、現金に変わる可能性があるものなど）」「負債（借金などの他人に対して支払うもの）」「純資産（資産から負債を差し引いたもの）」の3つのカテゴリーで構成されています。

これだけだと、かなり単純です。

では、貸借対照表で、最初に見るべきなのはどこでしょうか。

もちろん決まりがあるわけではありませんが、主に次の点をチェックしておけば、その会社の全体像をつかむことができます。

・資産規模（資産の部の合計）
・現金・預金の額と借入金の額のバランス
・固定資産（特に不動産）はどの程度の規模なのか
・資産超過か債務超過か（資産超過または債務超過の額）

最終的に、貸借対照表を自分の目的に合わせて読む、検証するためには、その企業の財務内容を「おおまかに」把握しておかなくてはなりません。

ここからは、貸借対照表をより詳しく見ながら、これらのポイントについて解説していきます（「資産規模」については、そのまま貸借対照表の「資産の部」の合計を見るとわかります）。

② 貸借対照表の中身とは?

◎会社の持ち物が、こんなふうに整理されている

第1章でも述べたとおり、貸借対照表は、「資産の部」、「負債の部」、「純資産の部」に分かれています。

では、それぞれのカテゴリーに、どのような勘定科目（貸借対照表や簿記で使われるモノの名称）が含まれているのかを見ていきましょう。

〈資産の部〉

資産の部は、貸借対照表の左側に記載されていて、「流動資産」「固定資産」「繰延資産」の3つのカテゴリーがあります。左の図を見てください。

ここでポイントになるのが、それぞれの勘定科目が、**上から「現金化しやすい順」に**

勘定科目の並び方

現金化しやすい順

資産の部

流動資産

現金
預金
受取手形
売掛金
棚卸資産
有価証券
など

固定資産

建物
建物付属設備
構築物、機械装置
工具器具備品
車両運搬具
土地
など

繰延資産

創立費
開業費
新株発行費
社債発行費
など

早く返済する順

負債の部

流動負債

支払手形
買掛金
未払金
預り金
賞与引当金
借入金
未払い法人税等
など

固定負債

社債
長期借入金

純資産の部

株主資本

資本金
利益剰余金

純資産の部が
マイナスの場合
「債務超過」状態！

並んでいるということです。

・流動資産……現金、預金、受取手形、売掛金、棚卸資産、有価証券など、1年以内に現金化が可能な資産

・固定資産……建物、建物付属設備、構築物、機械装置、工具器具備品、車両運搬具、土地など、現金化に1年以上かかりそうな資産

・繰延資産……創立費、開業費、新株発行費、社債発行費など（48ページ参照）

〈負債の部〉

負債の部は、貸借対照表の右側に記載され、「流動負債」「固定負債」の2つのカテゴリーがあります。

こちらは、それぞれの勘定科目が、**上から「早く返済しなくてはいけない順」に並んでいます。**

・流動負債……決算日の翌日から1年以内に支払期限が到来する、支払手形、買掛金、未払金、預り金、賞与引当金、借入金、未払い法人税等などの債務

・固定負債……社債、長期借入金などの、決算日の翌日から1年以内に支払期限が到

覚えておきたい流動資産と流動負債

【主な流動資産】

- **現金や預金**……お金のこと
- **受取手形**……未回収の代金に対して受け取った手形
- **売掛金**……未回収の代金
- **棚卸資産**……商品、製品、半製品、仕掛品、原材料（在庫のこと）
- **有価証券**……価格の変動を利用して短期的な利益を得る目的で取得した有価証券、事業年度の末日後１年以内に満期の到来する社債その他の債券など

【主な流動負債】

- **支払手形**……未払いの代金に対する手形
- **買掛金**……未払いの代金
- **預り金**……源泉所得税、社会保険料など、税務署等に納めるために従業員などから会社が一時的に預かっているお金
- **短期借入金**……１年以内に返済する借入金
- **未払い法人税等**……法人税、事業税、住民税など

来しない債務

〈純資産の部〉

純資産の部は、貸借対照表の右側、負債の部の下のところにあります。

純資産の部は、返済しなくてもいいお金が記載されています。資本金や過去の利益の蓄積（利益剰余金）といった「株主資本」が中心となります。

実際には株主資本以外の表記もあるのですが、説明すると難しくなるのでここでは割愛します。決算書を読んでいくうえでは大きな支障はありません。

純資産の部がマイナスであれば、いわゆる「債務超過」状態であり、ここがプラスになっていることは、企業運営上とても重要です。

◎「繰延資産」はとりあえず考えなくていい

ところで、資産の部で、下のほうに記載される「繰延資産」とは、一定の支出のうちその支出の効果が将来に渡って及ぶものを言います。

具体的には、次のようなものを指します。

・創立費（会社設立に使った支出）
・開業費（会社設立後、営業開始までにかかった支出）
・開発費（新技術の開発、市場開拓などのためにかかった支出）
・株式交付費（株券等の印刷費など、株式の交付のための支出）
・社債発行費（社債券の印刷費など、社債の発行のためにかかった費用）
・その他、建物を賃借する際に支払う権利金や更新料（長期前払費用）など

ただし、ここで記載した創立費から株式発行費までは一度に経費にできるので、貸借対照表に載っていることはあまりありません。

また、「建物を賃借する際に支払う権利金や更新料など」は、税法上は繰延資産に該当しますが、会計上は繰延資産には該当しません。

この繰延資産は、貸借対照表に記載されることが少なく、経営分析にはほとんど影響のない資産であるため、以後、本書では割愛します。

③「流動」と「固定」の分かれ目はどこか

◎「流動資産」と「固定資産」の違い

さて、次に注目していただきたいのが「資産の部」と「負債の部」です。資産の部には「流動資産」と「固定資産」、負債の部には「流動負債」と「固定負債」という区分があります。

この「流動」と「固定」というのは、「決算日から1年間」という時間を基準として分けられています。

「資産」に関しては、決算日から1年以内にお金になるものが「流動資産」、1年を超えてお金になるものが「固定資産」です。

たとえば、現金や預金はすでにお金なので、お金になるまでの時間は0です。したがっ

「決算日から１年」で分かれている

資産の部	負債の部
流動資産 決算日から **1 年以内**に お金に変わるもの	**流動負債** 決算日から **1 年以内**に 返済するお金
固定資産 お金に変わるまでに 決算日から **1 年以上** かかるもの	**固定負債** 決算日から **1 年以上** 経って返済するお金
	純資産の部
	株主資本

このように、決算日から１年で
区切ることを
「ワン・イヤー・ルール」と呼ぶ

て流動資産です。

また、受取手形、売掛金、棚卸資産、有価証券などは、お金になるまでの時間が短い（決算日から1年以内）ため、流動資産に分類されます。

一方、建物、機械及び装置、土地などは、売ればお金になるものの、通常は企業活動に使用され、売掛金や棚卸資産のように短期的にお金になるものではありません。

そこで、固定資産として分類します（現実には、不動産を売りに出し、すぐに売却できる場合もありますが、そういう特殊事情はここでは考えないことにします）。

なお、固定資産には、建物などの形のある「有形固定資産」と、ソフトウェアや商標権や特許権などの法律上の権利である「無形固定資産」、また決算日から1年以内には手元に現金としてやってこない「投資その他の資産」があります。

◎「流動負債」と「固定負債」の違い

「負債」に関しては、決算日から1年以内に支払わなければならないものが「流動負債」、1年を超えて支払わなければならないものが「固定負債」です。

支払手形、買掛金、未払金、源泉所得税などの預り金、未払い法人税等の流動負債は

棚卸資産とはなんだろう

- **商品**（仕入先から仕入れたもの）
- **製品**（工場で製造したもの）
- **半製品**（その段階でも売れる、製造途中の製品）
- **仕掛品**（その段階では価値がない、製造途中の製品）
- **原材料**（製品を作るための元で、未加工のもの）

醸造中のお酒は、1年以内に売り物にならなくても、棚卸資産になる

支払期限が近く、お金が出ていくまでの時間が短いことになります。したがって、これを流動負債として分類します。

逆に、長期借入金、社債などの固定負債は支払期限がまだまだ遠いので、固定負債に分類されるのです。

◎基本はワン・イヤー・ルールだが……

このように**決算日から1年で区切られたルールをワン・イヤー・ルールと言います。**

ただし、流動資産のなかには、1年以内の現金化ができないものも実は含まれています。

たとえば、酒造メーカーにおいて樽のなかで醸造されている最中のお酒は、「仕掛品」という棚卸資産になります。

したがって、すぐには現金化されませんが、流動資産ということになります。

これは、**通常の営業活動の流れのなかで発生するもの（売上債権、棚卸資産など）は、現金化されるまでの期間が1年を超えるものでも「正常営業循環基準」というルールにより、流動資産に表示されることになっているからです。**

また、少し意味が違いますが、5年後に最終的な返済期限を迎える長期借入金のうち、翌期に返済期限を迎えるものは「流動負債」として表示されます。

4 「運転資金」がどれくらい必要かチェックしよう

◎売上債権と買入債務のバランスで決まる

貸借対照表の概要は、だいたい押さえられたと思います。

貸借対照表の内容がわかったら、最初に押さえておきたいのが「運転資金」が足りているか、またどれくらいあるかの見方です。

運転資金とは、会社を維持するための支払いに使うもので、日々の企業運営に不可欠なお金です。人間の血と同様に常にまわっているものであり、これがなくなると営業活動ができなくなるため、会社は生きていけないのです。

そして、その会社の営業活動上、調達しなくてはならない運転資金を割り出す計算式は、次のとおりです。

必要な運転資金 ＝ （売掛金＋受取手形＋商品などの棚卸資産）－（買掛金＋支払手形）

売掛金や棚卸資産のような「お客さんからの支払いを待っているお金」よりも、買掛金や支払手形のように「自社が支払いを待ってもらっているお金」のほうが少なければ、運転資金は足りなくなります。したがって、

❶（売掛金＋受取手形＋商品などの棚卸資産）＞（買掛金＋支払手形）

であれば、「売掛金、受取手形、商品」がまだお金になっていないので、「買掛金、支払手形」との差額の運転資金が必要になります。逆に、

❷（売掛金＋受取手形＋商品などの棚卸資産）＜（買掛金＋支払手形）

という場合は、運転資金は足りているということになります。

また、売上が伸びれば伸びるほど、先行的に仕入代金が必要な場合もあり、売掛金、

運転資金の確保は最優先！

★運転資金はいくらある？

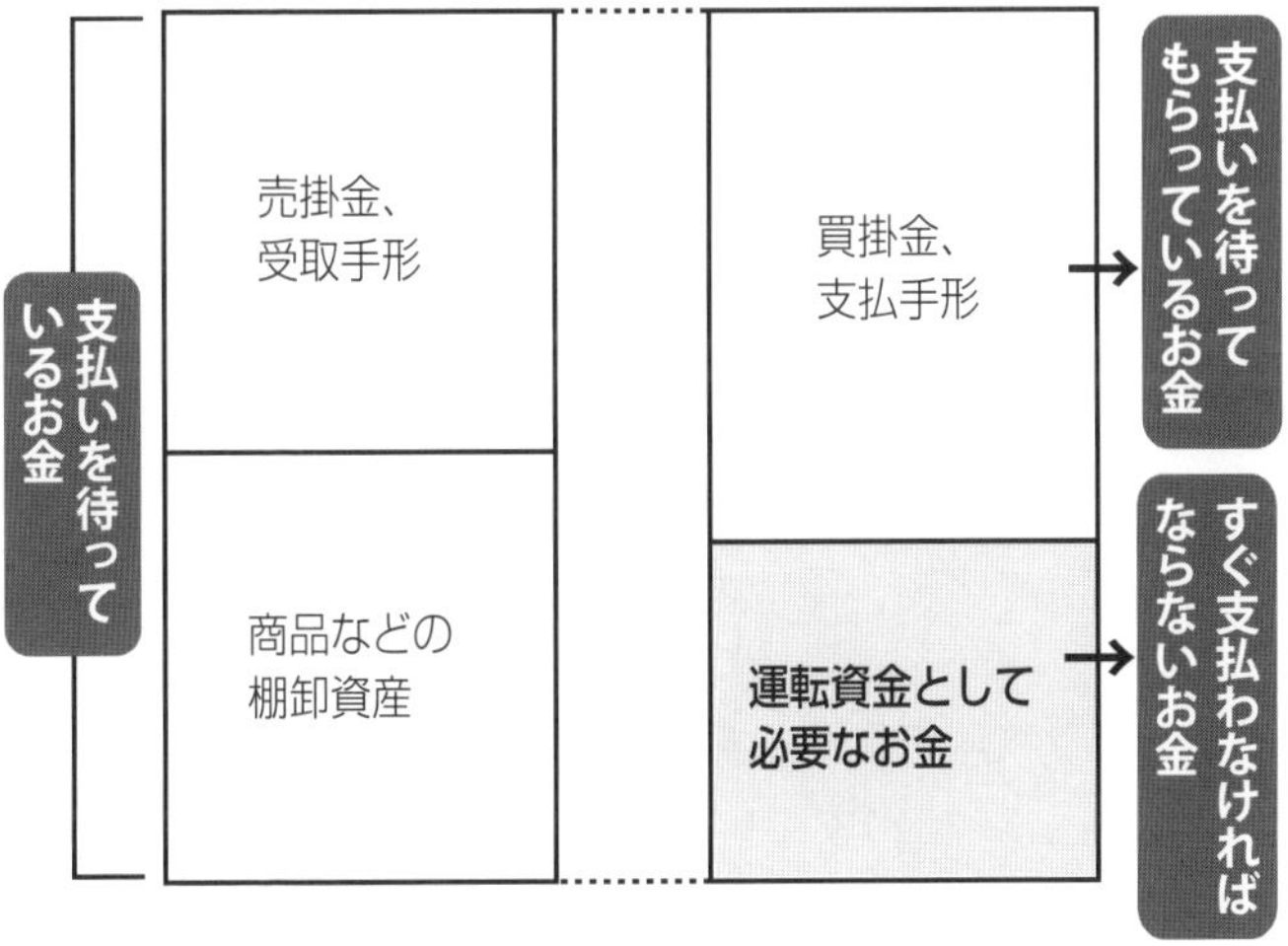

★運転資金に余裕を持たせるには？

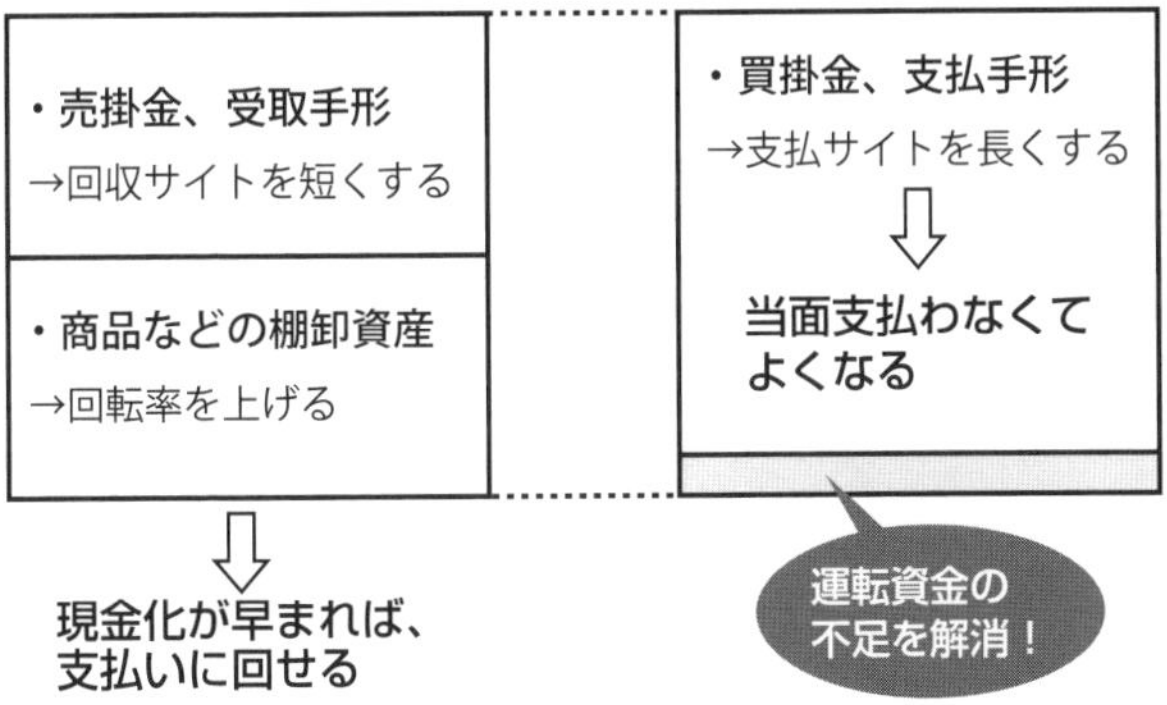

受取手形、商品などの棚卸資産の額も増えていきます。

その結果、不足する金額が大きくなっていきます。

さらに、先行的な設備投資を行った結果の借入金の返済、利益が増えることによる納税などが原因で、その資金不足がより大きくなる場合もあります。

こういう場合は運転資金の融資なども含め、資金繰り改善の方法を講じる必要があり、これを放置しておくと、売上が伸びれば伸びるほど、お金が足りなくなる会社になってしまいます。

このようなことから、**伸びている会社であっても、貸借対照表の現金・預金の残高を見るとイメージよりも少ない場合があります。これは、業績はいいが、資金繰りは厳しいことを貸借対照表が教えてくれているのです。**

対策としては、売掛金、受取手形の回収サイトを短くする、商品などの回転率を上げる、買掛金、支払手形の支払サイトを長くするといったことを考えていくことになります。

5 ムリな資金調達がされていないかチェックしよう

◎長く使う設備を買うときは、固定負債で賄う

貸借対照表の右側は、「負債の部」と「純資産の部」で分けられています。

これは、事業活動に必要な資産の購入資金を、どう調達してきたかを表しています。

負債の部には、「流動負債（短期的に返済する短期借入金など）」と「固定負債（長期的に返済する長期借入金など）」があります。これらは銀行など外部から借りているお金であり「他人資本」と呼ばれます。

一方、純資産の部は、資本金や利益剰余金など、返済しなくてもいいお金なので、「自己資本」と呼ばれます。

ただし、私たちが貸借対照表を読む目的からすれば、

①短期的に返済すべき流動負債
②長期的に返済すべき固定負債＋返済の必要がない純資産

というふうに区分けしてとらえたほうが、実態に合っていると言える面もあります。

資金繰り上、心がけなければならないのは「①短期的に返済すべき流動負債」の割合をなるべく小さくし、返済を長く行うことだからです。

特に、長期的に使用する「固定資産」の購入に伴う資金調達では、この考え方が欠かせません。

固定資産というのは、「現金化しにくい」資産です。

長期に渡って使用して利益を生む固定資産を、返済までの期間が短い資金で購入すると、返済が苦しくなる危険性があるので、返済期間を長くしたほうが無難です。

本来、理想的なのは、返済の必要のない自己資本で全額賄うことです。

ただし、現実には難しいことも多いですし、長期的に返済していけばいい固定負債を含めて考えても、基本的には問題ありません。

そこで、**固定資産を購入する際は、「固定資産 ＜ 固定負債＋純資産」となっていること**

資金調達のバランスのイメージ

★比較的安全タイプ

「固定資産」より、「固定負債＋純資産」のほうが多い状態

★資金繰りが危ないタイプ

「固定資産」より、「固定負債＋純資産」のほうが少ない状態

を確認することが重要です。

「固定資産＞固定負債＋純資産」という場合、「固定負債＋純資産」を超えた金額は流動負債で賄っていることになり、資金繰りは厳しくなってしまいます。

固定資産の調達資金が流動負債にまで食い込んでいる場合、それがどの程度まで食い込んでしまっているかも検証する必要があります。

◎元金返済額を減価償却費でカバーできているか

また、固定資産を購入するときには、減価償却費も大事なポイントになります。

減価償却費というのは、最初に代金を全額支払っているにも関わらず、その後数回～数十回に分割して経費計上を行うという特殊な費用のことで、損益計算書に記載されています。

減価償却の詳しい説明は１４３ページで行いますが、ここではひとまず、**「減価償却費＞元金返済額」**となっているかどうかを確認しましょう。

元金返済額は、貸借対照表にそのままは表示されません。負債の部の「長期借入金」から、返済した分だけマイナスするという形で記録されます。

たとえば、1億円の設備を全額借入金で購入したとします（耐用年数10年、減価償却の方法は毎年の減価償却費が同額である定額法、借入金の返済方法は元金均等返済とする）。

その際、10年返済ならば、「毎年の減価償却費1千万円＝毎年の元金返済額1千万円」となるので、財務状況、資金繰りに問題はありません。

しかし、5年返済だと「毎年の減価償却費1千万円＜毎年の元金返済額2千万円」となり、1千万円分は資金繰りを圧迫する結果になります。

そういった意味でも、やはり固定資産の購入は、返済期限の長い、または返済義務のない「固定負債＋純資産」で賄うべきと言えます。

⑥ 勘定科目「現金」の見方のポイント

◎帳簿上の残高と実態が一致するとは限らない

貸借対照表にはさまざまな勘定科目（現金・預金、建物、土地、短期借入金、長期借入金、資本金など）が載っています。

しかし、これらの勘定科目は、必ずしも企業の実態を表していないこともあるので注意が必要です。

最初に注目していただきたいのが、勘定科目の「現金」です。

「現金」とは、期末時点でレジ、金庫のなかなどに残っていた現金や小切手のことです。

これが、**帳簿上の残高は１０００万円あるにも関わらず、実際の現金残高は10万円しかないという会社があります。**

なぜ、こういうことが起きてしまうのでしょうか。

たとえば、経営者の方が、1年間会社を営業してきた結果が赤字になってしまったため、「すでに発生した経費をなかったものとして、黒字化できないか」と考える場合があります。

もちろん、これは粉飾決算なのでやってはいけないことなのですが、現実には存在する話です。

具体的には、すでに現金にて精算した社長の交際費などの経費を、損益計算書に計上しないといったことです。

この場合、すでに会社の経費精算という手続きを経て、社長の財布に戻っていますので、現金は社長の手元にあります。もちろん、これを戻せば、現金の帳簿残高と実際の残高は合うのですが、これを戻さない、または、戻せない、ということです。

その結果、現金の支出（貸借対照表）と交際費の計上（損益計算書）という事実は取り消され、「帳簿上の現金の残高＞実際の現金の残高」という状態になります。

そして、実際の現金は戻ってきていないので、帳簿上の現金残高と実際の現金残高が合わないことになってしまうのです。

なお、現金は、通常は「現金・預金」などとまとめて貸借対照表に表示されていることも多いので、実態がこのような粉飾決算の状況になっていたとしても外部からは知ることができません。

ただし、貸借対照表、損益計算書の一定の勘定科目には「内訳書」という書類のなかでその詳細が記載されていることが大半です。

これを見ることができる状況ならば、そのなかの「預貯金等の内訳書」に記載されている現金の残高をチェックしてみましょう。

不動産仲介業など、**通常の事業活動は振込みで行われ、現金商売ではない業態にも関わらず多額の現金が計上されていたら、その現金は実際には会社にはなく、粉飾決算の可能性を疑う状況にある**と言えます。

◎中小企業にとって「現金が多すぎる」のは問題？

また、中小企業の場合、融資を銀行に打診する際、多額の現金が計上されていると、「こんなに現金があるのに、なぜ融資が必要なのですか？」と指摘されることもあります。

「現金」が多いと、疑念をもたれることも

★「現金」で粉飾決算が起きる仕組み

会社が赤字だ

↓

決算書上は、
経費を使っていないことにして、黒字化しよう！

↓

でも、実際には会社のお金を使ったわけだから、その分はなくなっている

↓

「粉飾決算」になる

中小企業の場合、多額の現金があると、「なぜ融資が必要なのか？」と金融機関に疑いをもたれる可能性あり

すでに融資を受けている場合も、銀行に見せた貸借対照表に多額の現金が計上されていると、「この会社は粉飾決算をしているのでは？」と思われることがあります。

つまり、**「この会社にこんなに多額の現金があるわけないから、実質的には社長のところに現金がいっているのだろう」と判断されて、融資そのものに影響が出る場合もある**ということです。

こういったことは、上場会社の貸借対照表ではあり得ないことですが、中小企業の貸借対照表では珍しくありません。もし、検証する貸借対照表が中小企業のものである場合は、そういうことも注意しなければならないのです。

7 勘定科目「売掛金」と「受取手形」の見方のポイント

◎粉飾決算の温床になりやすい

現金以外のさまざまな資産も貸借対照表に計上されていますが、その残高が適正とは限りません。

上場会社でも、赤字を回避するため粉飾決算をする場合があります。

たとえば、**翌期に発生する予定の売上を、「売掛金」として先取りして貸借対照表に計上する**のです。

こういう場合、翌期に実際に売上が発生すれば、つじつまを合わせることは可能です（ただし、前の期に売掛金を先取りした分、翌期の売上は当然減ります）。

また、**そもそも翌期に発生する予定もない架空の売上を、売掛金として計上することもあります**。こういう場合は、お金を払ってくれるお客さんが存在しないのですから、計

売上債権（売掛金、受取手形）のポイント

★「売掛金」「受取手形」で粉飾決算が起きる仕組み

・翌期に発生予定の売上を、
今期の「売掛金」などとして計上

・まったく架空の「売掛金」などを計上

↓

「粉飾決算」になる

上した金額を貸借対照表から消さない限り、永遠に回収されないままの売掛金として、残り続けることになります。

◎不良債権化のリスクを推し量る

さらに、**翌期のものでも架空のものでもない、本来の売掛金が、回収が滞って不良債権になっている場合もあります。**これは受取手形にも同じことが言えます。

そういう場合は、結果として数％の回収ができることもありますが、1円も回収できないこともあり、リスク含みの資産と言えます。

では、こういう危険性をチェックする方法はないのでしょうか？

これは、売掛金の回収日数から推測することができます。

具体的には**「売掛金（受取手形を含む）÷売上高×365」**で計算した日数（売上債権回転日数）です。**その日数が長すぎるようであれば、その売掛金、受取手形の内容に疑問を持ったほうがいいでしょう。**

たとえば、貸借対照表に計上された売掛金の残高が100円（受取手形は0円とします）、損益計算書に計上された売上高が300円とした場合、「100円÷300円×365≒120日」となります。

ということは、この会社は手形取引がないのに、売掛金の回収に約120日（約4ヶ月）かかることになります。

通常の事業であれば、これはいくらなんでも長すぎます。

受取手形が含まれているならば、その手形の回収サイトが長いからという場合も想定されますが、そうではない可能性も検討する必要があります。

ちなみに、公正取引委員会の下請法に関するガイドラインでは、

「手形サイトは業種業態に応じかなりの長短があるので、今後実情に即した標準を定

める方針であるが、（繊維以外の業種）については、さしあたり、親事業者は、下請代金の支払のために振り出す手形のサイトを原則として120日以内とし、さらに経済情勢の好転に即応しつつ短縮するよう努力することとする」

とあります。

貸借対照表の売掛金、受取手形に関しては、このように翌期のもの、架空のもの、不良債権化したものが含まれている可能性があります。

この粉飾決算を見抜く方法を知らないと、流動資産もある、固定資産もある、売上もそれなりの額が計上されている……と、財務内容の良い会社と判断してしまうこともあるでしょう。

しかし、それは間違っており、むしろ逆の可能性もあるのです。

これ以降もいろいろな経営指標の話をしますが、「この会社はバランスが悪いが、なぜだろう?」と思われることがあれば、それは粉飾決算などの可能性があります。**粉飾決算をすれば、どこかに必ず歪みが生じ、その多くは貸借対照表に表れます。**

話はそれますが、税務署も主要勘定科目の推移をチェックしており、その動きがおかしいと税務調査の対象になりやすくなります。補足的な話ではありますが、ご参考になさってください。

不良債権化した売上債権はないか

売上債権回転日数＝

売上債権 ÷ 売上高 × 365

（売掛金や受取手形）

↓

・売掛金の残高が 100 円
・受取手形は 0 円
・売上が 300 円

の場合

100 円 ÷300 円 ×365≒120 日

↓

売掛金の回収に
約 4 ヶ月かかるということ

この回収期間が長すぎる場合は、
不良債権化した売上債権が
含まれている可能性あり

⑧ 勘定科目「貸倒引当金」の見方のポイント

◎将来の損害に備えた経費計上

「引当金」という言葉を聞いたことがないでしょうか。これは、「将来の支出や損失に備えるために当期の経費に計上したお金」のことです。

新聞でもっともよく目にする引当金は「貸倒引当金」ですが、貸倒引当金とは、現時点では貸し倒れが発生していなくても、将来に発生するかもしれない貸し倒れに備えて現時点で費用として計上するものです。

当期の売掛金、受取手形、未収入金などを回収できないときに備えて、それぞれに設定します。

たとえば、得意先が破産手続開始の申立てをした場合など、多少は回収できる可能性があるため、その時点では貸し倒れが発生していません。しかし、もし実際に回収不能になってしまったときは、当期の売掛金などに対して発生する損失なので、最初から回収不能になる前提で、当期の費用として計上するというシステムなのです。

また、「個別的に」評価して計上する貸倒引当金ばかりではなく、貸借対照表に載っている売掛金、受取手形、未収入金などに対して、「一括して」貸倒引当金を計上する方法もあります（すでに個別的に貸倒引当金を計上したものを除く）。

この一括して計上する方法は、3年間の貸倒損失の実績をベースに計算する方法が原則ですが、中小企業の場合は簡易的に77ページの繰入率によることもできます（法定繰入率といいます）。

どこかの会社の貸借対照表を見た際、売掛金、受取手形、未収入金などの額に対して、計上されている貸倒引当金が大きければ、不良債権に対して個別的に引き当てられたものがある可能性が高いでしょう。

特に、大口取引先が破産手続開始の申立てをした場合などは、相当の額の貸倒引当金が計上されている場合もありますので注意が必要です。

ただし、上場会社などは別にして、中小企業の場合は貸倒引当金を計上するかどうかは企業の任意です。

したがって、**極端な話をすれば、売掛金の50％が破産手続開始の申立てをした1社の得意先に対するものであったとしても、中小企業の場合、損益計算書を黒字にするために貸倒引当金を計上しないこともできるので、ここは注意が必要です。**

また、引当金には貸倒引当金だけでなく、返品調整引当金、賞与引当金、退職給付引当金、特別修繕引当金、製品保証等引当金などもあります。

ただし、税法上も経費（税法上の経費を「損金」と言います）として認められるものは、貸倒引当金と返品調整引当金だけです。

これら2つ以外の引当金については税法上は認められていないので、貸借対照表、損益計算書に計上することは問題ないのですが、1円も損金にはなりません。

ちなみに、貸倒引当金はどんな業種の会社でも計上することがありますが、返品調整引当金は出版業、製薬業などで計上される引当金です。

これは当期に販売した商品につき、翌期以降に買い戻しをするという契約がある場合に計上されるものです。

貸倒引当金とは？

★中小企業の貸倒引当金の法定繰入率（一括の場合）

卸売業、小売業、飲食店業	製造業	金融業及び保険業	割賦販売小売業など	その他
10/1,000	8/1,000	3/1,000	13/1,000	6/1,000

100,000円に対して設定する場合、1,000円を貸倒引当金として計上できる

貸借対照表上ではこうなる

資産の部

流動資産

………	××× 円
………	××× 円
受取手形	50,000 円
売掛金	50,000 円
△貸倒引当金	1,000 円

〈メモ〉
結果的に貸倒れなかった場合、設定した貸倒引当金は翌期にリセットし、翌期は翌期末の状況に合わせて設定し直します

9 含み損のリスクがある勘定科目とは？

◎棚卸資産、有価証券、不動産、ゴルフ会員権

現金、売上債権だけでなく、貸借対照表に載っている金額を疑うべき勘定科目はまだまだあります。

たとえば、商品、製品の棚卸資産は、季節商品の売れ残りなどが不良在庫となっており、捨てるかしかない、または、安く売るしかないという場合もあります。こういう場合、時価としては、貸借対照表に載っている金額よりも低い金額でしか評価できません。また、有価証券、不動産、ゴルフ会員権などの場合は、多額の含み損を抱えている場合もあります。

結果として、見た目の貸借対照表では「資産＞負債」（資産超過）となっていても、実態としては「資産＜負債」（債務超過）となっている場合もあるのです。

含み損を抱えやすい資産とは？

・棚卸資産
（安売り、もしくは捨てるしかない可能性あり）

・有価証券、不動産、ゴルフ会員権
（含み損の可能性あり）

✓ 貸借対照表上では「資産＞負債」であっても実際には「資産＜負債」のこともある

◎登記簿謄本で土地の含み損を調べる

特に、土地の場合は多額の含み損を抱えている場合もあります。

見た目の貸借対照表が資産超過であったとしても、計上されている土地が含み損を抱えていないかをチェックする必要があります。

たとえば、「もし、その土地の時価が帳簿価額の半分だったとしたら？」という仮定を置いて、貸借対照表を見ることも重要なのです。

バブルの最高潮のなかで高値で購入した土地には、時価が帳簿価額の半分以下という場合もあります。

土地の含み損を知る方法

①登記簿謄本

- 購入時期がわかる
- 借入金で購入した場合、いくら以上で購入したかが推測できる

②国土交通省のホームページ

- 当時の公示価格が検索可能（東京都港区なら、昭和45年から）

含み損を抱えた土地を貸借対照表に計上したまま、走り続けている会社はいくらでも存在します（逆に、社歴の長い会社が古くから所有している土地が、含み益になっていることもあります。その場合は、見た目よりもさらに資産状態が良好ということです）。

もし、企業が持っている土地が含み損を抱えているかどうかを知りたいときは、その土地の登記簿謄本を見てみるといいでしょう。

登記簿謄本は誰でも法務局で取得することができます。

登記簿謄本の甲欄（所有者の表示をして

いる欄）を見れば、購入時期がわかります。

いくらで買ったのかは記載がないのでわかりませんが、乙欄（抵当権などの表示がある欄）を見ると、その土地を購入するのに借金した額が推測できる場合もあるので（借入金で購入した場合）、最低、その金額以上で購入したと言えます。

また、国土交通省のホームページなどで検索すれば、当時の公示価格を検索することもできます。

東京都港区の例で言えば、昭和45年から検索できますので、購入時の公示価格と現時点の公示価格を比較し、土地が含み損を抱えているかどうかをおおまかではありますが、検証することができるのです。

◎投資その他の資産

「投資その他の資産」とは、固定資産のうち、有形固定資産と無形固定資産以外のものを言います。具体的には、次の3つを指します。

・他の企業に出資する場合の投資（子会社株式や関係会社株式など）

・長期的な利回り（資産運用）を目的とした投資（投資有価証券、長期貸付金など）
・その他の長期的な視点に立った資産（長期前払費用、保険積立金など）

投資その他の資産にも、有価証券や不動産と同様、含み損や含み益があります。

たとえば、ある会社（親会社）の貸借対照表に、子会社株式1億円と計上されていたとしましょう。

しかし、その子会社は当初の出資額1億円をほぼ使い切り、「資本金：1億円、利益剰余金：マイナス1億円」という状況かもしれません（親会社から見ると、投資した1億円が、現時点では価値が0円ということ）。

債務超過に陥っている可能性もあります。

つまり、親会社の貸借対照表に計上されている1億円の子会社株式は、実態を表していないことになるのです。

これは投資有価証券などに関しても同じことが言えます。

また、保険積立金に関して言えば、解約した場合には、貸借対照表に計上されている金額よりも多くの金額が解約返戻金として戻ってくることもよくあります。ということは、この保険積立金は多額の含み益を抱えているということなのです。

そういう含み損、含み益という視点を持って、ここの投資その他の資産を考えることが重要なポイントです。

⑩ 名前が似ている勘定科目に気をつけよう

◎厳密な期間損益計算を表すための勘定科目とは？

貸借対照表に計上される勘定科目に、

- ・「前払費用」と「前払金（前渡金）」
- ・「前受収益」と「前受金」
- ・「未収収益」と「未収金」
- ・「未払費用」と「未払金」

といった、名前が似ていて間違えやすい勘定科目があります。これらの違いがわかるでしょうか？

経過勘定項目

前払費用……家賃など。まだ受けていない翌期のサービスに対して、今期支払ったお金

前受収益……家賃など。まだ提供していない翌期のサービスに対して、今期支払ってもらったお金

未収収益……受取利息など。契約などにより一定額の収益は確定しているが、まだもらっていないお金

未払費用……支払利息など。契約などにより一定額の費用は確定しているが、まだ支払日がきていないお金

実は、「前払費用」「前受収益」「未収収益」「未払費用」の4つは、それぞれ厳密な期間損益計算を表すための勘定科目であり、「経過勘定項目」と呼ばれるものなのです。

◎「前払費用」と「前払金」の違い

まず、「前払費用」と「前払金（前渡金）」の違いを見ていきましょう。

「前払費用」とは、たとえば、借りている事務所の家賃などです。

事務所の家賃は前月の末までに支払う契約になっていることが大半です。

ということは、期末月の場合は期末までに翌月分を支払うことになります。

この会社が3月決算ならば、3月末に支

払った4月分の家賃は、厳密にいえば当期の費用ではありません。こういう性質のものが「前払費用」です。

ほとんどの会社では、こうした家賃に加えて、保険料など、本来であれば前払費用に該当する支払いがあるはずですが、貸借対照表に計上されていない場合もあります。

これはその会社の規模、費用の内容などから判断し、重要でないものは前払費用に計上せず、その期の経費にしてもOKという考え方があるからです（これを「重要性の原則」と言います）。

これに対して、「前払金（前渡金）」は、商品などを購入する場合、納品前に先に支払ったお金のことです。

◎「前受収益」と「前受金」の違い

「前受収益」を考える場合は、先ほどの前払費用の逆の立場で考えるとわかりやすいでしょう。

たとえば、事務所ビルを貸している不動産オーナー（会社）を考えてみましょう。

「前払費用」と「前受収益」を理解しよう

この会社が3月決算の場合、3月末に入金された家賃は4月分のものです。

あるいは、3月決算の会社が3月1日にお金を貸した場合を考えてみましょう。

「貸付金額は1億円、年利12％、元金は1年後に一括返済」という条件で、「利息は1年分を前払い」という場合も前受収益が発生します。

なぜならば、3月末の時点では12ヶ月分の利息1200万円をもらっていますが、当期の受取利息として収益に計上すべき部分は100万円だけで、翌期の収益に計上すべき部分が1100万円だからです。

この場合、1100万円は前受収益として貸借対照表に計上されることになります。

これに対し、商品を販売する場合に前もってお金の全額、または、一部を入金してもらったものを前受金と言います。

◎「未収収益」と「未収金」の違い

「未収収益」も、厳密な期間損益計算を表すための経過勘定項目のひとつです。

これについて具体的に考えてみましょう。

たとえば、3月決算の会社が、3月1日に、1億円を年利12％、1年後の一括返済（1年分の利息も含めて）でどこかに貸したとします。

この場合、3月末の段階では、1ヶ月分だけ金利をもらう権利が発生していますが、返済は元金利息とも1年後ということになっているので、実際にはまだお金をもらっていません。

そこで、当期1ヶ月分だけの受取利息を未収収益として発生させるのです。

この場合で言えば、「1億円 × 12％ ÷ 12ヶ月 ＝ 100万円」が3月末の時点の未収収益となり、貸借対照表には100万円が「未収収益」として流動資産の部に計上さ

「未収収益」と「未払費用」を理解しよう

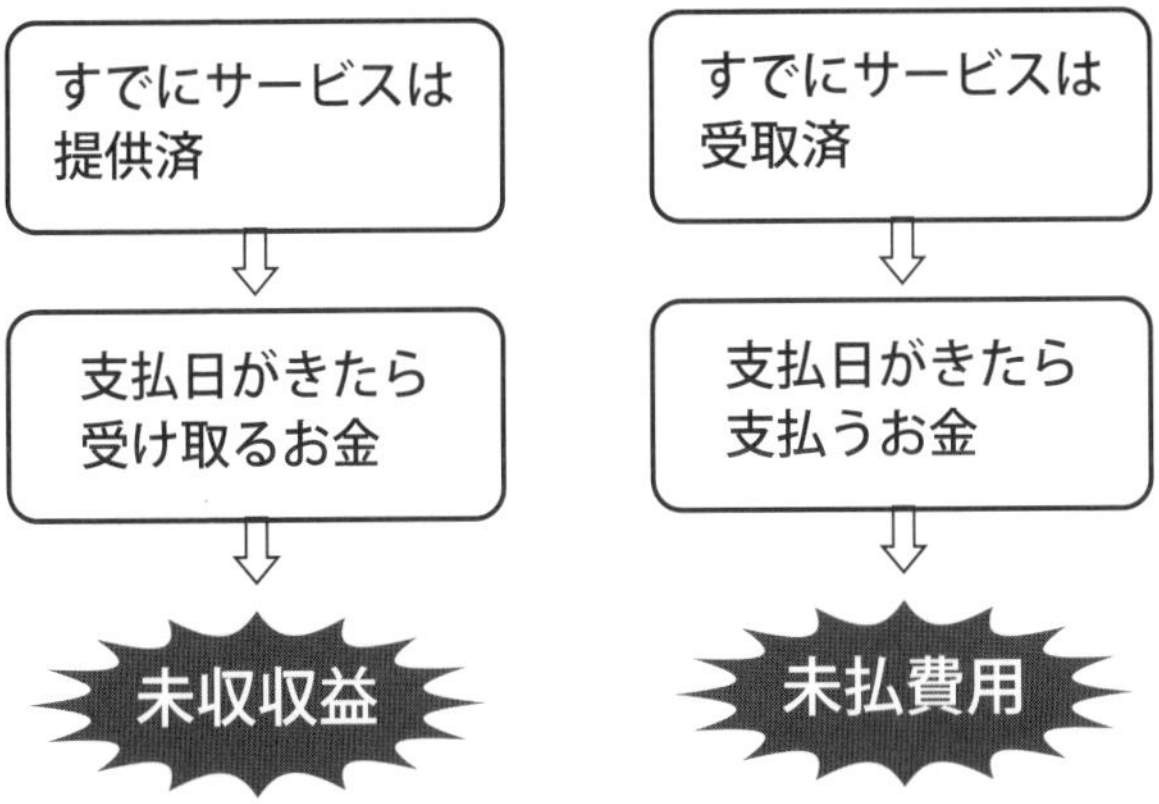

れることになるのです。

このように、契約などにより一定額の収益は確定しているが、まだお金をもらっていない場合は、未収収益として貸借対照表に計上されることになるのです。

これに対して、未収金とは棚卸資産以外の資産（たとえば、固定資産など）の譲渡をした場合に、譲渡はしたもののまだお金をもらっていない場合などのものをさします。なぜ、棚卸資産以外の資産と書いたかというと、棚卸資産を販売した場合は未収金ではなく、売掛金という債権が発生するからです。

また、事業年度の途中で仮払い的に支払

う中間納付額という税金がありますが、これが1年間のトータルで計算した税額よりも過大である場合、結果として確定決算時の申告で「中間納付額－1年間のトータルで計算した税額」の還付を受けることができます。この場合なども還付分の税金は未収金として貸借対照表に計上されます。

◎「未払費用」と「未払金」の違い

未払費用を考える場合、先ほどの未収収益の逆（借りた側）で考えると、わかりやすいでしょう。

同じ条件を前提とすると、借りた側の会社（3月決算）は3月末の時点では支払うべき利息は1ヶ月分発生しているが、まだ支払いをしていない状態です。だから、3月末時点の貸借対照表には未払費用100万円が計上されるわけです。

これと同じように、従業員の給料の締め日が20日、支払日が25日という会社を考えてみましょう。

この会社が3月決算だとすると、3月25日に支払われる給料は2月21日から3月20日までの分です。ということは、4月25日に支払われる3月21日から3月31日まで働いた分の給料は3月末時点では発生はしているが、まだ支払日が来ていないことになります。この期間の給与も未払費用として貸借対照表に計上されることになるのです。

これに対して、固定資産などを購入してすでに納品され、先方からは請求書がきているが、まだ支払っていない場合があります。このような状況のものが未払金になるのです。

第2章
「貸借対照表の読み方と重要なポイント」
のまとめ

□「流動資産」と「固定資産」のように、決算日から1年で「流動」と「固定」を区切ることを、ワン・イヤー・ルールと言う

□ 運転資金が足りているかに目を光らせる。運転資金に余裕がある会社は、売上債権の流動化が早く、買入債務の支払サイトが長い

□ 固定資産の購入が、純資産と固定負債で賄えているかをチェックする。流動負債を使っている場合は、返済が苦しくなるリスクがある

□ 勘定科目の、「現金」「売掛金」は、粉飾決算の温床になりやすいことを忘れない

□ 棚卸資産や土地など、含み損を抱えやすい勘定科目には要注意

第3章

貸借対照表から、
会社の安全性を推し量る

1 貸借対照表からは、その会社の安全性がわかる

◎さまざまな角度から検証してみよう

貸借対照表から、その会社の経営の全体像をつかめたら、今度はより具体的な経営分析を行っていきましょう。

貸借対照表から読み取れるのは、主にその会社の「安全性」です。そのための指標として、次のようなものがあげられます。

・自己資本比率
・流動比率／当座比率
・固定比率／固定長期適合率
・有利子負債月商倍率

・債務の償還能力、債務償還年数
・インタレスト・カバレッジ・レシオ
・実質金利率

それぞれの指標には、意味があり、目的ごとに使い分けるものです。

比率にして表すメリットは、

「ある会社の過去の貸借対照表と比較して、その会社の推移や現状を把握する」

「同業他社同士を比較して、資金状態、改善点などを把握する」

ということが、しやすいことにあります。


特に、この「安全性」は、会社が倒産するかしないかという可能性も表す重要な指標となりますので、しっかりと分析しておく必要があります。

② 返済義務のない資金をどれくらい持っているか？

◎自己資本比率

「自己資本比率」とは、安全性を表す比率のなかでももっとも重要と言える指標で、総資産に占める自己資本の割合を表すものです。

自己資本には、返済義務がありませんので、ここがどの程度の規模であるかということが企業の体力に直結します。

計算式は「自己資本比率＝自己資本 ÷ 総資産 ×１００」となり、自己資本比率が大きければ大きいほど、その会社の経営は安定していると言えます。

どれくらいあればいいという基準はありませんが、50％に近ければ十分優良企業と考えていいでしょう。一般的な中小企業では5～15％となります。

また、自己資本は株主から調達した資本金などと、会社が事業活動を通じて稼いだ利

自己資本比率のイメージ

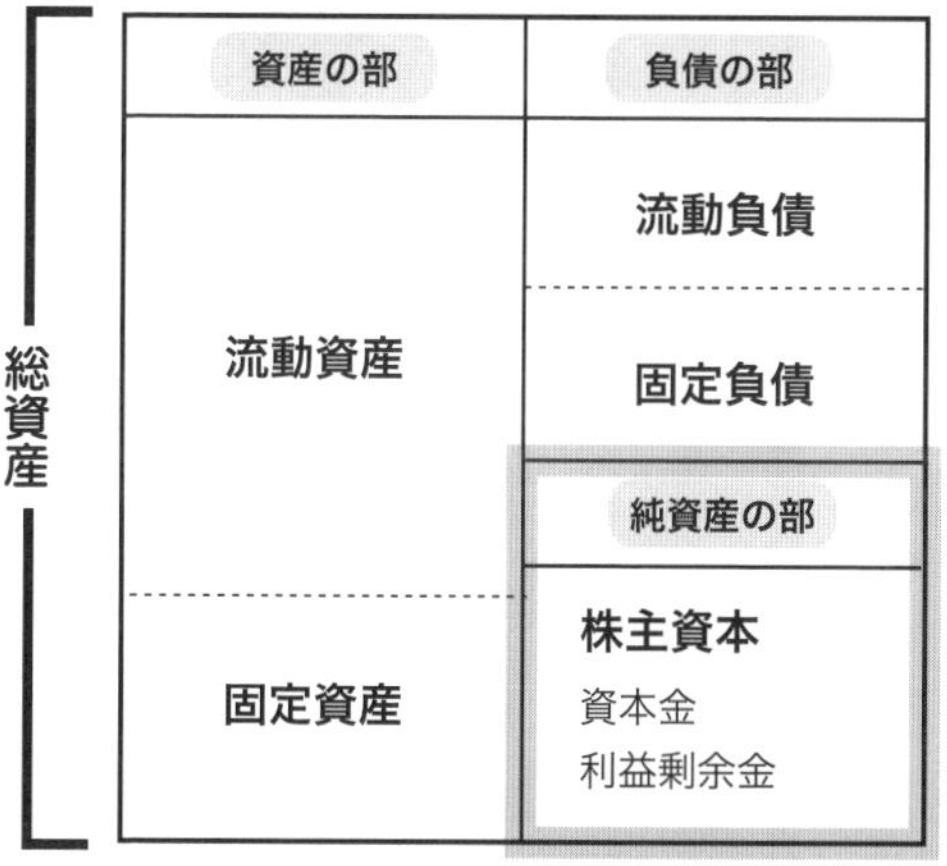

自己資本が多いほど、借入が
少なく、経営が安定している

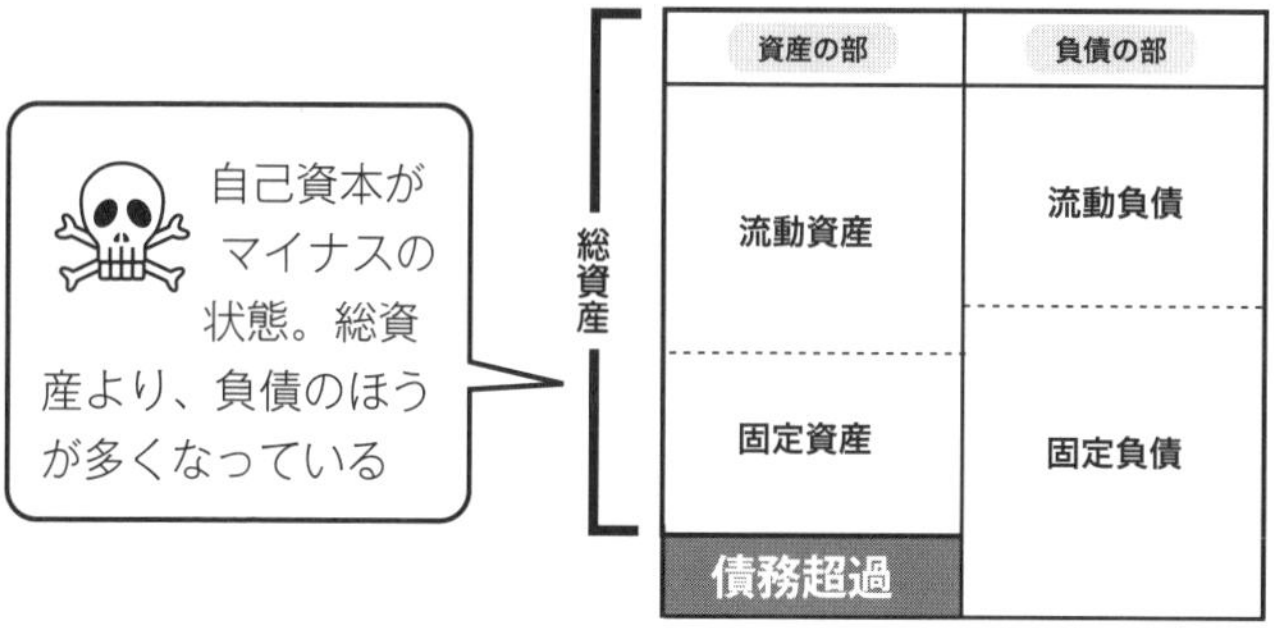

益の累積（内部留保）とで構成されます。

したがって、いわゆる優良企業の場合は過去からの利益の蓄積が大きくなっており、自己資本の内訳は、資本金などよりも内部留保のほうが大きくなっている場合もよくあります。

逆に、自己資本比率は自己資本がプラスであることが前提ですが、これがマイナスになっている場合、いわゆる「債務超過」という状態です。

ただし、自己資本比率が高いということは上場会社であれば高ければ高いほどよいと言えますが、非上場会社の場合は嬉しいことばかりではありません。

なぜならば、株式を売却しない限りは換金価値のない非上場会社の株価が高くなり、オーナーの相続を考える場合、事業承継対策や納税資金対策に苦しむことがあるからです。

③ その会社の支払い能力は十分か？

◎流動比率

流動比率とは、会社の支払い能力を表す指標です。1年以内に返済しなければならない負債に対して、どれくらい現金や現金化しやすい資産を持っているかがわかります。

計算式は「流動比率＝流動資産 ÷ 流動負債 ×100」です。

ここは100％以上であることが理想であり、200％以上であればかなり良好な財務状況ということです。

ただし、多ければ単純にOKということではなく、現金・預金が多すぎる場合は効率的な設備投資が継続的にできていない可能性もありますし、株主から配当を迫られる可能性もあります。

現金・預金をそのまま置いていても収益性は低いので、本来は「継続的な設備投資

↓　収益性の向上」という好循環にもっていくのが理想です。

ただし、万が一の場合に備え、あえて現金・預金として残してあるなら、それはそれでひとつの考え方です。

また、流動比率が100％を超えていたとしても、流動資産のなかには前払費用などの換金性のないもの、なかなか回収できない不良債権となってしまった売掛金、売れ残ってしまった不良在庫などが含まれている可能性もあります。

そういう意味では、次の「当座比率」のほうが、安全性を測るうえでより明確な指標となります。

◎当座比率

「当座比率」も、流動比率と同じく、会社の支払い能力を表す指標です。

流動比率と違うのは、より資産の換金性を重視し、短期的な支払い能力をシビアに判断するということです。

計算式は、「当座比率＝当座資産　÷流動負債　×１００」です。

この「当座資産」とは、現金、預金、受取手形、売掛金、一時的に所有している有価

流動比率のイメージ

流動比率 ＝ 流動資産 ÷ 流動負債 ×１００

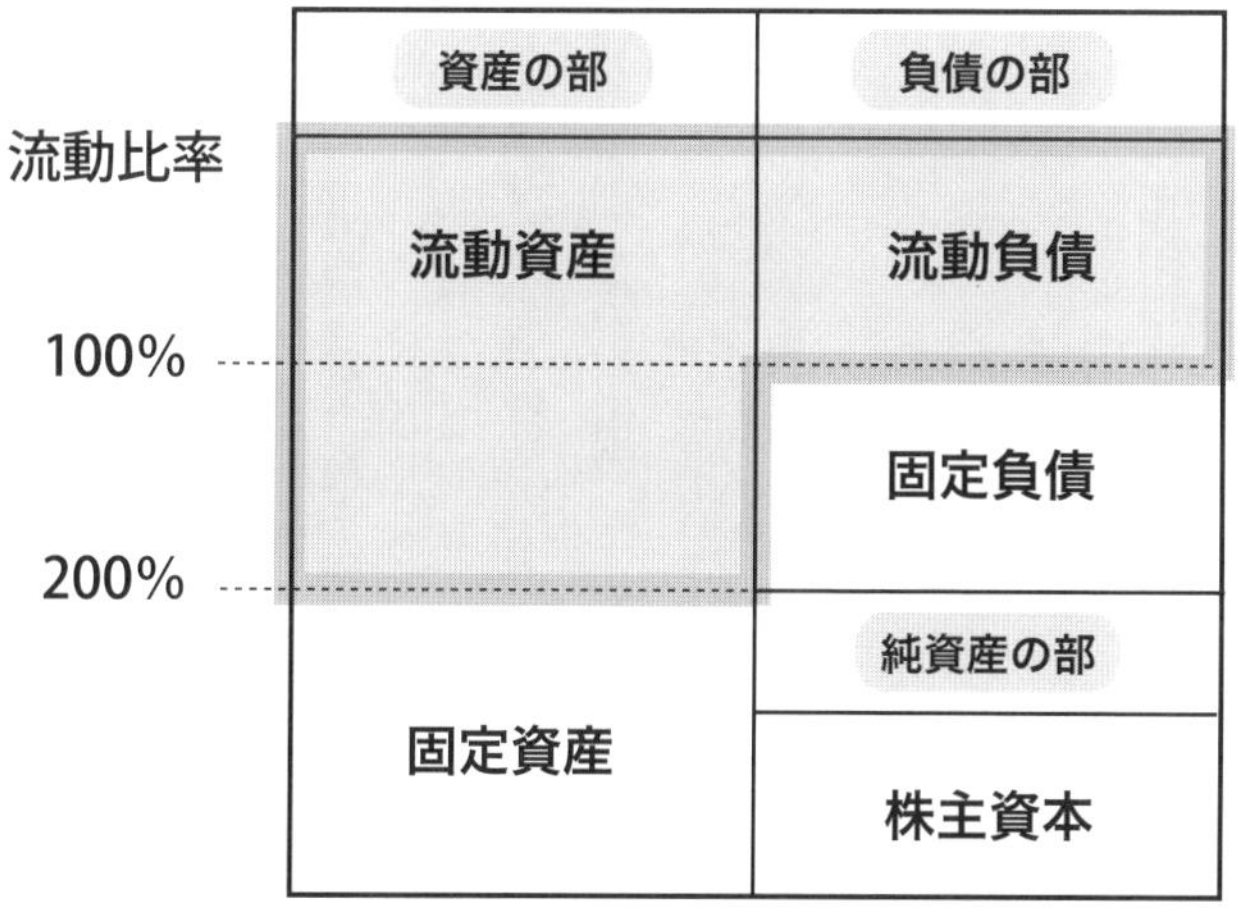

100%…………越えることが理想のライン
200%以上……財務状況が良好

ただし、流動比率が 100%でも、流動資産のなかに不良債権や不良在庫がある場合は危険。→「当座比率」もチェック！

証券などを指し、棚卸資産はここに含まれません。

また、担保として金融機関や取引先に提供している預金、不良債権となっている売掛金、含み損を抱えた有価証券などがあれば、これを外して考える必要があります。

つまり、**流動資産のなかでも、棚卸資産などの「当面の支払いに使いにくい資産」を取り除くことによって、より実質的な安全性を判断するのです。**

この結果、当座比率が100%以上であれば基本的に支払い能力に問題はなく、150%程度あると資金繰りに余裕のある会社と言うことができます。

逆に、ここが100%を割り込めば割り込むほど、何か突発的なことがあった場合、短期的な負債に対する支払いができない状況に陥ります。

したがって、決算書をチェックする場合、この比率がどの程度であるかは必ず検証する必要があります。

当座比率で、より厳しく安全性をチェック

当座比率 ＝ 当座資産 ÷ 流動負債 ×１００

100%……当面の支払い能力に問題なし
150%……資金繰りに余裕ありと判断してＯＫ

〈当座資産〉
流動資産から、当面の支払いに
使いにくい資産を除外したもの

〈除外を検討したほうがいい資産の例〉
・棚卸資産
・担保になっている預金
・不良債権となっている売掛金
・含み損を抱えた有価証券

当座比率が100%を割り込むほど
突発的な必要性が生じたとき、
短期的な支払いができなくなる

4 固定資産の資金調達は適正か？

◎固定比率と固定長期適合率

60ページで、固定資産を購入する際は、自己資本で賄うのが理想だと述べました。

そこで、**固定資産を購入したお金のうち、どれくらいを「自己資本」で賄えているかを表す指標として「固定比率」があります。**

これは、「固定比率＝固定資産 ÷ 純資産（株主資本）×１００」で計算できます。

計算結果が１００％以下ならば、返済の必要のない自己資本だけで固定資産を賄えているということです。したがって、固定資産の購入資金の調達方法としては全く問題がないと言えます。

ただし、特に設備投資が継続的に必要な事業の場合、こういうケースは珍しく、多くの場合は借入れに頼ることになります。

固定比率と固定長期適合率のイメージ

★固定比率

100%以下なら、純資産だけで固定資産を賄えている状態

★固定長期適合率

純資産では足りない分を固定負債で補うパターン。
100%以下なら問題ないが、低く抑えるに越したことはないそこで、**固定資産を購入したお金のうち、どれくらいを「自己資本と固定負債」で賄えているかを表したのが「固定長期適合率」です。**

この計算式は、「固定長期適合率＝固定資産÷（固定負債＋純資産〈株主資本〉）×100」となります。

固定比率は100％超でも、固定長期適合率が100％以下なら、基本的には問題はありません。ただ、ここができるだけ低いほうが財務状態としてはよいことになります。

また、この固定長期適合率は、金融機関が融資をする際に重視する指標のひとつとなっています。

長期借入金による設備投資を前提にした収益性のアップを考えている会社は、この固定長期適合率をいかに低くするかが、大きなポイントになってきます。

5 有利子負債の額が多すぎないか？

◎有利子負債月商倍率

自己資本比率は、持っている資産のうち、返済の義務がないお金の割合でした。次は、負債のほうを見ていきましょう。

負債のなかでも「有利子負債」というのは、短期借入金、1年以内返済長期借入金、社債、長期借入金などのことです。そして、利息を伴う負債が、月商（月の売上高）の何倍あるかを表した指標のことを「有利子負債月商倍率」と言います。

「有利子負債月商倍率＝有利子負債 ÷（年間の売上高 ÷12）」で計算します。

有利子負債が多くなると、資金繰りが苦しくなります。

一般的には、非製造業の場合は1・5倍くらいまでなら問題なし、3倍くらいからは黄信号で、6倍程度になってくると赤信号という状況です。

製造業などの設備投資が大きい業種の場合は、この2倍程度の基準で考えてもOKで、場合によってはこの倍率が10倍くらいあるケースもあります。

もちろん、貸借対照表では有利子負債月商倍率が大きくなっていたとしても、その借入金による設備投資が、その後に大きな収益を生んでいくならば問題はありません。

たとえば、多額の長期借入金により工場を期末に増築し、まだそこからの収益が損益計算書にはあまり計上されていないといった場合は、当然この倍率が大きくなります。

ただし、大きな設備投資をする場合は、「その設備投資（事業）が何年で黒字になるのか？」「設備投資を何年で回収できるのか？」「市場の変化はどう予測されるのか？」を事前に考えておくことが大前提です。

上場企業でもよくあることですが、時流に乗って設備投資をし、その後の市場変化に対応できず、財務内容が一気に悪化する場合もあるので、大きな設備投資の判断は慎重にすべきなのです。

◎ギアリング比率

自己資本に対する有利子負債の割合のことを「ギアリング比率」と言います。

有利子負債月商倍率とは？

負債の部	
流動負債	
買掛金	×××
未払金	×××
短期借入金	×××
固定負債	
長期借入金	×××
社債	×××

▶ **有利子負債**

これが、月商の何倍あるのか？

↓

有利子負債月商倍率

〈非製造業〉

1.5倍くらいまで……問題なし

3倍くらいから………黄信号

6倍程度………………赤信号

〈製造業など設備投資が大きい業種〉

3倍くらいまで………問題なし

6倍くらいから………黄信号

場合によっては10倍でもＯＫ

企業財務の健全性（安全性）を表す指標で、返済義務のある有利子負債を返済義務のない自己資本でどこまで賄えているかを表しています。

これも銀行が重視する指標のひとつです。

「ギアリング比率＝有利子負債 ÷ 自己資本 × １００」で計算され、計算結果が低いほど財務体質のよい会社ということになります。

たとえば、計算式を見てわかるとおり、ギアリング比率が１００％になるのは、有利子負債額と自己資本額が同じだけあるときです。これは、96ページで説明した自己資本比率が50％という状況を示しており、優良企業と言える水準です。

つまり、１００％を下回っていれば十分財務体質がよいということになります。

ただし、低ければよいというものではなく、低すぎる場合は他人資本（有利子負債）を有効に活用できていないという見方をすることもできます。

というのは、自己資本だけでは事業投資に限界があり、他人資本も使って事業投資し、企業の収益性、成長スピードにレバレッジをかけることが必要な場合もあるからです。

もちろん、あまりリスクを取りすぎると、市場の変化による売上減少に伴い、返済が

ギアリング比率とは？

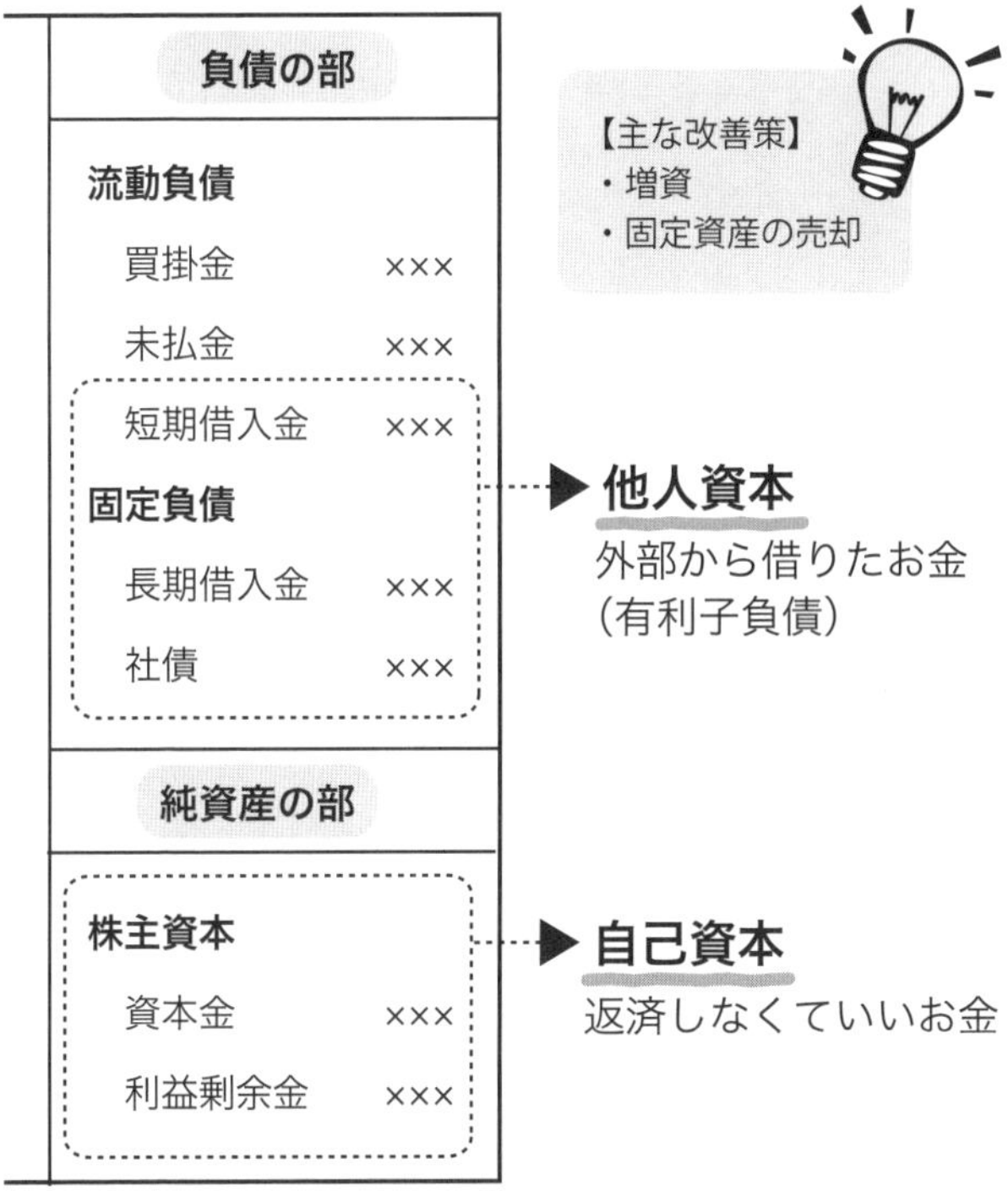

有利子負債 ÷ 自己資本 ×100

この数値が低いほど財務体質がいい！

苦しくなる場合がありますので、ここは程度問題ということになります。

なお、ギアリング比率を下げるためには、他人資本を減らすか、自己資本を上げるかしかないわけですから、即座にこれを改善する方法としては、増資、固定資産の売却による有利子負債の圧縮などが考えられます。

⑥ 有利子負債を何年で返せるか？

◎債務償還年数

「債務償還年数」とは、現在の「有利子負債」を、その会社の現状のキャッシュフロー（営業利益＋減価償却費）で、何年で返済できるかを表す分析指標です（利息は考慮に入れない）。

キャッシュフローについては、営業利益ではなく、経常利益や当期純利益をベースに計算することもあります。営業利益、経常利益、当期純利益、また減価償却費は、いずれも損益計算書に記載されています。

この年数は短ければ短いほどよく、「返済できない＝貸倒れ」となることをもっとも嫌う銀行が、非常に重視するものです。

この年数が10年以内であれば、財務体質も安定しており、銀行も融資に取り組みやすい会社と判断します。

逆に、ここが長くなると資金繰りも切迫しているということです。「10年」という期間がひとつの基準なのですが、これを超えている中小企業は少なくありません。

なお、これはあくまでも事業から発生したキャッシュフローが、すべて返済に回ることを前提とした償還年数です。

実際には「（売掛金＋受取手形＋棚卸資産）－（買掛金＋支払手形）」で計算される金額を運転資金として借りる必要があります。

だから、この借入れを有利子負債から除いたところで**「（有利子負債－運転資金としての借入れ）÷キャッシュフロー」で計算された数値が、運転資金の借入れを除いた実質的な償還年数となります**。

有利子負債から運転資金を差し引く理由は、一般的に運転資金は売上債権（売掛金や受取手形）の回収金で賄い、短期間での借入れと返済を繰り返すものだからです。

債務償還年数とは？

「有利子負債」を、現状のキャッシュフローならば、何年で返済できるか

※キャッシュフロー ＝ 営業利益＋減価償却費

〈ベーシックな考え方〉

有利子負債：1 億円
キャッシュフロー：1,000 万円

有利子負債 1 億円 ÷1,000 万円＝10
→ 債務償還年数：10 年

債務償還年数が 10 年以内 → 財務体質安定
債務償還年数が 10 年以上 → 資金繰りが切迫

※ただし、中小企業では債務償還年数が 10 年を越えているところも珍しくありません

7 有利子負債の支払利息を収益でカバーできているか？

◎インタレスト・カバレッジ・レシオ

「インタレスト・カバレッジ・レシオ」という言葉を、聞きなれない方も多いでしょう。

インタレスト・カバレッジ・レシオとは、有利子負債に対する支払利息や手形割引料が、営業利益や受取利息、配当金などでどこまでカバーされているかを示す指標です。

「インタレスト・カバレッジ・レシオ＝（営業利益＋受取利息＋受取配当金）÷（支払利息＋割引料）」で計算され、高ければ高いほど健全な財務体質であるということになります。

10倍以上あれば理想的ですが、中小企業の場合はそこまでないことも多くあり、平均的には3～4倍というゾーンになっています。

もちろん、これは業種によってもある程度の差があるので、その会社の業種にあった数値を知り、経営状態がどうであるのかを判断することが必要になります。

逆に、これが1倍（１００％）未満である場合、営業利益が出ていても、利息を支払うと経常利益が赤字になってしまう場合もあります。つまり、金利すら払えない状態になっており、企業の業績に対し、完全に借入過多の状態ということです。

本業の業績を上げ、営業利益のアップを図ることはもちろんですが、遊休資産の売却などによる有利子負債の圧縮などを一刻も早く進めていかなければなりません。

8 実のところ、いくらの金利を支払っているか？

◎実質金利率を計算してみよう

「実質金利率」とは、企業が銀行などから借りている金利を「実態計算」したものです。これは、貸借対照表だけでなく、損益計算書にも関係する項目です。

具体的な算式は「（支払利息 － 受取利息）÷（借入金 － 定期預金）×１００」となります。

この算式のうち、「支払利息」と「受取利息」は損益計算書に記載されています。

お金を借り入れる際、この「実質金利」という考え方をご存じない方が多く、気付かないうちに予想外の損失を出していることもあるため、注意が必要です。

たとえば、年０・２％の利息がつく定期預金５千万円を担保に入れ、１億円の融資を２％で借りたとします。そうすると、１年間の受取利息は10万円で、支払利息は２００万円です。

実質金利を知ろう

〈定期預金の受取利息と借入金の支払い利息を比べてみよう〉

定期預金	5千万円	受取利息	0.2%（＝10 万円）
借入金	1億円	支払利息	2%＝（200 万円）

↓

$$\frac{\text{支払利息 200 万円} - \text{受取利息 10 万円}}{\text{借入金 1 億円} - \text{定期預金 5 千万円}} \times 100 = \text{3.8\%}$$

実質的な金利は 2%より大きい！

これをまとめて計算すると、「(200万円−10万円)÷(1億円−5千万円)×100＝3・8%」となります。

つまり、2%で借りたつもりが、実は3・8%で借りていたことになるのです。

このような場合、定期預金5千万円を担保に入れず、5千万円だけを2%で借りるという選択肢も検討すべきなのです。

また、過剰担保になっているような場合は、定期預金の担保解除をして借入金に充当し、毎月の返済を楽にする必要があります(138ページ参照)。

もちろん、定期預金を担保に入れないで融資を受けている場合も考え方は同じです。

第３章
「貸借対照表から、会社の安全性を推し量る」
のまとめ

□ 返済義務のない自己資本をどれくらい持っているかは、会社の体力に直結する

□ 会社の支払い能力を見るときは、流動比率と当座比率を見る。特に、より短期間の支払い能力を見るときは当座比率が便利

□ 固定資産は、返済義務のない自己資本で購入できるのが理想。購入金額のうち、どれくらいを自己資本で賄えているか、固定比率や固定長期適合率でチェックしよう

□ 有利子負債に関しては、借入が多すぎないか、何年で返せるのか、その利息で経営が苦しくなっていないかを考える必要がある

□ 支払っている金利の正確な額を、改めて計算しよう

第4章

損益計算書の読み方と重要なポイント

1 損益計算書の中身とは？

◎ベースは「収益を足し、費用を引く」

次は損益計算書の中身を詳しく見ていきましょう。
損益計算書の各項目名には、次のようなものがあります。

①売上高
②売上原価
③売上総利益（粗利益、①－②）
④販売費及び一般管理費
⑤営業利益（事業で得た利益、③－④）
⑥営業外収益

損益計算書の具体的な中身

科目	意味
①売上高	製品、サービスを売って得たお金
②売上原価	売った分の製造原価や仕入原価
③売上総利益（①−②）	粗利益
④販売費及び一般管理費	広告費、販売や事務の人件費など
⑤営業利益（③−④）	事業で得た利益
⑥営業外収益	受取利息、受取配当金など
⑦営業外費用	支払利息など
⑧経常利益（⑤＋⑥−⑦）	経常的に出る利益
⑨特別利益	臨時に得た利益
⑩特別損失	臨時にかかった費用
⑪税引前当期純利益（⑧＋⑨−⑩）	税金を支払う前の利益
⑫法人税等	税金
⑬当期純利益（⑪−⑫）	最終的な会社の利益

③、⑤、⑧、⑪、⑬の各利益に注目！
利益には、５つの見方がある

⑦営業外費用

⑧経常利益（経常的に出る利益、⑤＋⑥－⑦）

⑨特別利益

⑩特別損失

⑪税引前当期純利益（税金を払う前の利益、⑧＋⑨－⑩）

⑫法人税等

⑬当期純利益（最終的な会社の利益、⑪－⑫）

◎主な用語の意味

売上高が製品やサービスを売ることで得たお金であることは、みなさんご存じでしょうから、ここでは、「売上原価」「販売費及び一般管理費」「営業外収益」「営業外費用」「特別利益」「特別損失」の説明を簡単にしたいと思います。

・売上原価

売れた分の製造原価や仕入原価のことです。

売上原価とはなんだろう

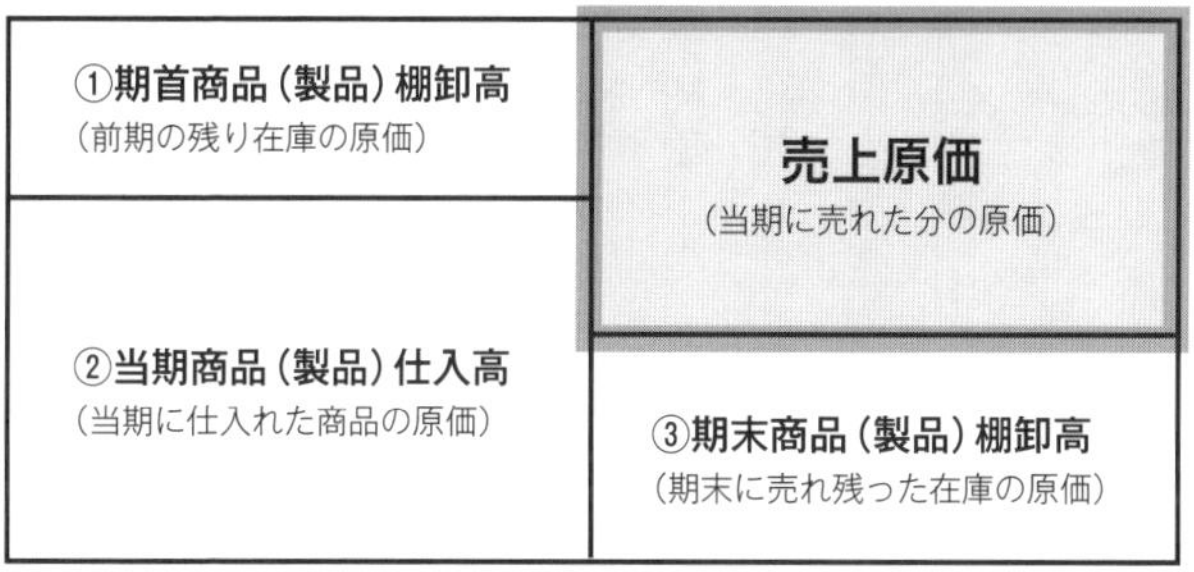

売上原価＝①＋②－③

これは、「期首商品（製品）棚卸高＋当期商品（製品）仕入高－期末商品（製品）棚卸高」という式で表すことができます。図解しましたので、上図をご覧ください。

・販売費及び一般管理費（販管費）

売上原価以外で販売をするために必要な費用（販売費）と、企業を運営していくうえで必要な費用（一般管理費）を言い、人件費、保険料、地代家賃、旅費交通費などが該当します。

・営業外収益／営業外費用

営業外収益は、受取利息、配当金、雑収入など、営業外費用とは支払利息、雑損失などです。本来の営業活動とは直接には関係ない収益、費用を言います。

・特別利益／特別損失

特別利益とは固定資産売却益など、特別損失とは固定資産売却損などのことです。通常は毎期起こるようなものではない特別な損益を計上します。

また損益計算書には、

- **売上総利益**
- **営業利益**
- **経常利益**
- **税引前当期利益**
- **当期純利益**

の5つの利益が記載されています。それぞれに異なる意味合いがありますので、経営分析の目的によって、どの利益に着目するべきかは変わってきます。後ほどひとつひとつ解説していきますが、まずは損益計算書の全体像のつかみ方から見ていきましょう。

② 損益計算書でまず見るべきところ

◎業種、売上高、粗利益

ある会社の状況を損益計算書から把握しようとするとき、どのような見方をすればいいのでしょうか？　基本的には、まず次の３つを見ることが重要です。

①業種
②売上高
③売上総利益（粗利益）

決算書を見るうえで、その会社がどんな業種なのかというのは非常に重要です。

同じ売上高でも業種によって企業規模は大きく違ってくるため、売上高が大きいからと

損益計算書を見る順番

〈会社の全体像をつかむ〉

①業種

②売上高

③売上総利益（粗利益）

以下、④営業利益 /⑤経常利益 /
⑥税引前当期純利益 /⑦当期純利益

「業種→売上高→5 つの利益」の順に見ていく！

いって、必ずしも企業規模も大きいとは限りません。

たとえば、卸売業の場合は粗利益率が15〜25%くらいになることが多く、売上が10億円あったとしても、粗利益は2億円前後となってしまいます。

もし、これが粗利益100%の業種であれば、売上2億円くらいの会社ということになります。

ですから、**「①業種→②売上高→③売上総利益（粗利益）」の順にチェックします。**

次に見るのが④営業利益です。

ここがプラスであれば、本業はうまくいっていることがわかります（どのくらいのプラスになっているかも重要です)。

それから、⑤経常利益、⑥税引前当期純利益、⑦当期純利益とチェックしていきます。

ここでイレギュラーなことがなければ、利益は最後まで計上されます。

一方、**粗利益や営業利益が大きくても、支払利息が多額である、多額の固定資産売却損や固定資産除却損などがある場合は赤字に転じる可能性もあります。**

そういうときは、⑥税引前当期利益が赤字となります。

このような流れでひととおりを見ると、大まかにその会社の状況がつかめるというわけです。

③「売上総利益」の見方のポイント

◎通常、赤字はあり得ない

「売上総利益」は、いわゆる粗利益、粗利（あらり）と呼ばれるもので、売上高から売上原価を差し引いたものです。つまり、「いくらで仕入れた商品が、いくらで売れて、いくらの利益が出たか？」を表しています。

ここの数字がマイナスということは通常はあり得ません。なぜなら、ここがマイナスだと、商品を売れば売るほど赤字になるということだからです。

ただし、公共工事を受注する建設業などの場合は、工事原価を事前に見積もって入札に参加し、受注額（売上）が確定した後に実際の工事原価が決まるので、その見積もりがズレるとここの部分が赤字になることもあります。

これは担当者の入札金額が低すぎた（＝見積もりが甘かった）という場合もあれば、工事の進捗状況によって行うべき内容が変化してしまったという場合もあります。

特に、そもそもの受注額が大きい場合は、その分だけ大きな赤字になることもあるので、注意を要します。

◎価格を動かすときの注意点とは？

売上総利益は、給与、地代家賃、保険料など、企業活動の源泉への投資資金になるお金なので、ここをできるだけ大きくすることが企業にとっての絶対命題です。

それには「売上を上げるか」「原価を下げるか」の2つしか方法はありません。

多くの場合、原価を下げるのには限界がありますので、売上の問題は遅かれ早かれ浮上してきます。

そこで、**「付加価値を付けて単価を上げるべきか？」「値引きをしてより多くの個数を売るか？」**という選択を迫られることになるのです。

こういう場合、感覚的に値段を動かすのは危険です。たとえば、「ライバル社が値引きをしたから自社も同じ値段にしよう」と思っても、それはライバル社のビジネスモデルがあって、はじめて可能になった価格かもしれません。

したがって、自社は自社で、従前の売上総利益を維持できる販売個数を計算したうえで価格設定を行わなければ、売上は伸びても売上総利益は減ったということになりかねないのです。

また、いわゆる薄利多売になると、販売している現場は忙しくなり、顧客満足度を下げるリスクも含むなど、数字からは見えてこない問題も出てきます。

価格を動かすときには、徹底したシミュレーションが欠かせないのです。

売上総利益を増やすには？

売上総利益 ＝ 売上高 － 売上原価

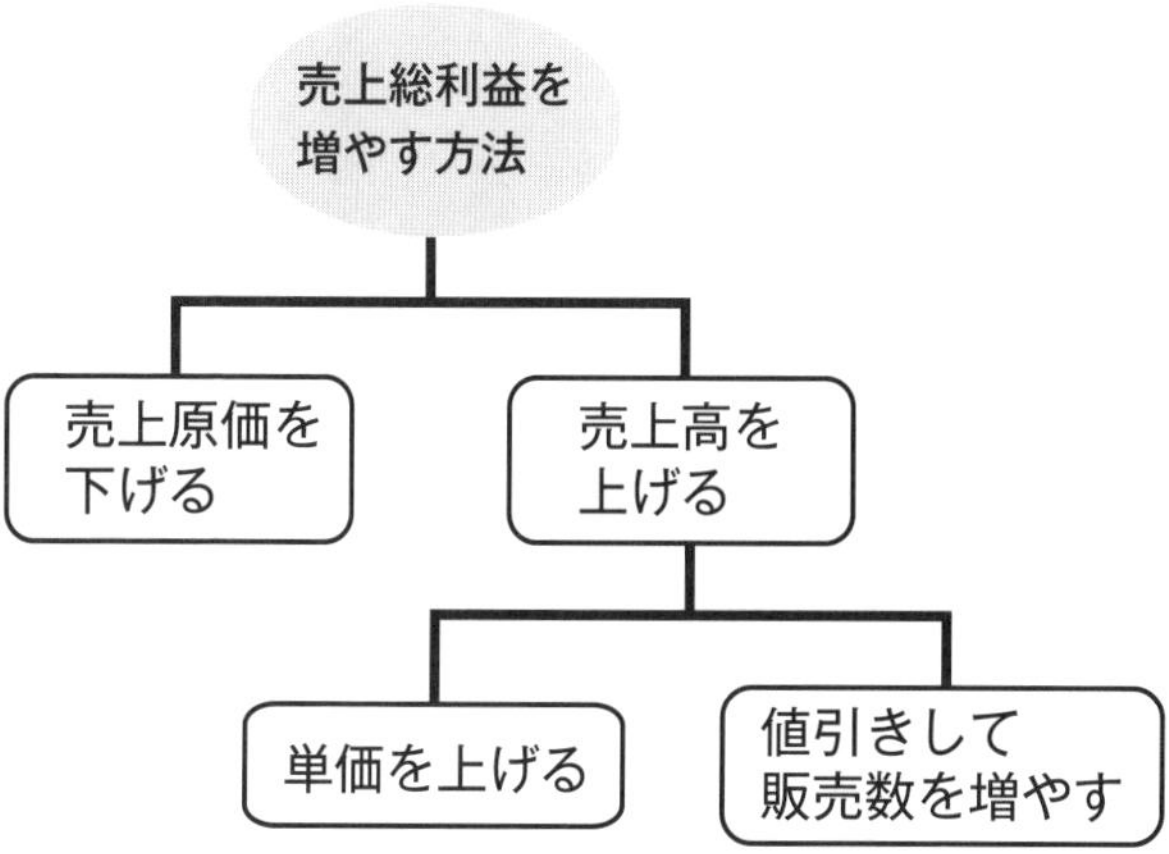

〈価格設定のとき確認すること〉

□最低何個売れば、今までの売上を確保できる？
□値引きをした結果、現場は忙しくならないか？
□ライバル社の利益構造はどうなっているか？

価格を変える際には、
価格以外の分析も欠かせない

4 「営業利益」の見方のポイント

◎抜本的改革の必要性を考える

「営業利益」とは、売上総利益から「販売費及び一般管理費（販管費）」を控除した利益です。売上総利益がプラスであっても、営業利益がマイナスだと、営業活動をすればするほど損失が膨らみます。

したがって、「販売費及び一般管理費」を節減することが必要になってきます。

販売費及び一般管理費とは、営業マンの給料や広告宣伝などの販売活動にかかる「販売費」と、間接部門や家賃など会社を運営していくのに必要な「一般管理費」を合わせたものです。

「人件費」「家賃」「減価償却費」「旅費交通費」「修繕費」「通信費」「水道光熱費」など、さまざまな費目がありますが、損益計算書では、どの費用が販売費でどの費用が一般管

営業利益を増やすには？

営業利益 ＝ 売上総利益 － 販売費及び一般管理費

販売費及び一般管理費を節減するには？

〈費用には、次の 2 種類がある〉

- **固定費**（売上の増減に関係なく必要な経費）
- **変動費**（売上の増減に応じて増減する経費）

販売費及び一般管理費は基本的に「固定費」

全経費のなかで、「販売費及び一般管理費」が利益を圧迫している場合は、組織ぐるみの抜本的な改革が必要になります

理費という形で分けて表記されておらず、まとめて記載されています。
企業における費用は、

・変動費（売上原価など、売上の増減に応じて増減する経費）

・固定費（人件費、地代家賃、保険料などの、売上の増減とは関係なく会社を維持するために必要な一定の経費）

の2種類に分けられますが、**「販売費及び一般管理費」に含まれている費目は、基本的に固定費です。**

売上が少なくても費用が減るわけではないので、販売費及び一般管理費が大きすぎて営業利益を圧迫しているということは、今のビジネススタイルで事業を続けていくのは難しいということになります。

宣伝や広告に依存した営業スタイルを改める、従業員を減らす、賃料の安い事務所へ引っ越す、固定資産を売却するといった、抜本的な改革が早急に求められるでしょう。
また、そこまではしなくても備品、事務用品費などがザル状態で無駄に発注されている場合もよくあります。こういう細かい部分が放置されていることも多いので、見直す必要があるでしょう。

5 「経常利益」の見方のポイント

◎支払利息に注目

「経常利益」とは、営業利益に受取利息、雑収入などの営業外収益を加算し、支払利息、雑損失などの営業外費用を控除したものとなります。

雑収入とは本業の売上ではないが入ってくる収入を言い、たとえば、社内に置いた自動販売機の収入などを指します。

また、雑損失は、売上原価や販売費及び一般管理費などではないもの、支払利息、社債利息などでもないものを計上します。

経常利益は、その会社が経常的に獲得できる利益がいくらであるかを表していることからその名前がついたのですが、実際に「経常的に」この利益金額を上げ続けられるかどうかは別問題です。

実際、経常利益を見るときには、営業外費用のなかの「支払利息」がかなり重要になってきます。金融機関から借入金が多い場合、支払利息の金額が経常利益を圧迫している場合があるためです。

こういう場合は、借り換え、定期預金を返済原資に充てる、社長などの経営陣から無利息で借りて金融機関に返済するなどの対策が考えられます。

また、定期預金を担保として提供している場合でも、それが過剰担保となっている場合もあり、この場合は担保になっている定期預金の担保解除を交渉し、返済に充てることができます。

ちなみに、銀行がもっとも恐れる、金融庁の検査の際に基準となる金融検査マニュアルには、「担保や個人保証に過度に依存した対応を行っていないか」という記載があります。過剰な担保に依存した融資は問題となるのです。

与信チェックを目的に他社の決算書を見る場合も、支払利息により経常利益が圧迫されているようなら、取引の結果が貸し倒れを生むリスクもあります。

そういう場合は上記のことを提案し、財務改善の結果を見たうえで取引を開始することも検討したほうがリスクを小さくできるでしょう。

経常利益を増やすには？

経常利益 ＝ 営業利益＋営業外収益－営業外費用

営業外費用のなかの
「支払利息（固定費）」が
経常利益を圧迫しているかも

〈支払利息の負担が大きいとき〉

□借り換えができないか？
□定期預金を返済原資に充てられないか？
□経営陣が無利息で会社にお金を貸せないか？

（新規取引先の与信チェックで、借入金が多い場合は、上記のことを提案して貸倒リスクに対処する）

経常利益が小さいときは、
借入金の返済を急ぐか、借り換える

⑥「税引前当期純利益」、「当期純利益」の見方のポイント

◎会計の世界と税金の世界の違い

「税引前当期純利益」とは、経常利益に特別利益（固定資産売却益など）を加算し、特別損失（固定資産売却損など）を控除したものです。

これが法人税等の対象となる利益となり、ここから法人税等を控除したものが当期の税引き後の最終利益である、「当期純利益」となるのです。

ただし、税金に関して言うと、実際にはそのまま「税引前当期利益 × 法人税等の税率 ＝ 支払うべき法人税等」となるわけではありません。

なぜならば、「損益計算書を作る会計の世界」と「税金を計算する世界」では収益と費用の概念が違うものがあるからです。

会計上の「収益」のことを、税金の世界では「益金（えききん）」と呼びます。

一方、会計上の「費用」のことを、税金の世界では「損金（そんきん）」と呼びます。

そして、「収益≠益金」、「費用≠損金」なのです。

税金の世界では、「益金－損金＝所得」となり、この「所得」が税金の対象となるのです。


たとえば、企業が他社の株式を保有しており、受取配当金をもらったとします。

この場合、税金の世界では、持株割合に応じて一定額を税金の対象にしなくてもＯＫです。

なぜそうなるかはここでは割愛しますが、受取配当金は、損益計算書上では収益となるが、税金の計算上は一定額は益金とならないのです。

そして、これと同じようなことが費用と損金の世界でも起こります。


交際費を考えてみましょう。

現在の税制では、資本金１億円以下の企業の場合、交際費８００万円までは、会計上の費用としても税法上の損金としても認められます。

しかし、800万円を超える部分の金額は、会計上の費用にはなっても、税法上の損金にはなりません（資本金1億円超の企業の場合は、800万円という限度額がないので、会計上の経費にはなっても、税法上の損金には1円もなりません）。

その結果、損益計算書上は交際費として費用になっている（＝税引前当期純利益がその分だけ減っている）が、税金の計算上は損金にならない（＝交際費を費用として控除した後の税引前当期純利益に加算しなければならない）ということになるのです。

また、前期以前からの繰越欠損金がある場合、これは損益計算書の税引前当期純利益には影響しませんが、所得からは控除されます。

これも利益と所得がズレる原因のひとつです。

7 「減価償却費」の取り扱い方

◎損益計算書から見た減価償却費

損益計算書に掲載されている項目は、基本的に「収益」か「費用」なので、お金の出入りを伴います。しかし、なかにはお金の出入りを伴わない経費もあります。その典型的なものが「減価償却費」です。

損益計算書にはいろいろな費目があるのですが、この「減価償却費」は、例外的に特別な処理を行う費目であり、貸借対照表にも影響を与えるものです。

減価償却費とは、建物や自動車といった「固定資産」の購入費用を数年（内容によっては数十年）に分割して経費として計上していくものです。

つまり、**固定資産を一括払いで購入したとしても、〝その時点では〟支払った額の一部**

しか経費にはできません。

「利益＝売上－費用」ですから、仮に、本当は100万円支払ったのに、そのうち10万円しか費用として認められないとなると、利益は実際に持っているお金より90万円も多く出ている計算になってしまいます。

いわゆる「勘定合って、銭足らず（計算上は利益が出ていても、現実にはそれに相当するお金がないこと。黒字倒産の原因にもなり得る）」の原因のひとつになるものです。

しかし、なぜ、このような仕組みになっているのでしょうか。

固定資産を使ってビジネスを行なえば、収益が上がります。固定資産は長く使えるので、その使える期間はずっと収益が上がり続けることになります。そこで、収益と、その収益を上げるためにかかった費用を、毎期対応させていくということなのです。

とはいえ、残りの90万円も、その後数年かけて、最終的にはすべて費用として計上していくことになります。具体的に何年で経費になるのかというと、固定資産の種類や用途によってさまざまです。同じ建物でも構造によって違いがあります。

この、固定資産の種類や用途により定められた年数を「耐用年数」と言います。

定額法と定率法とは

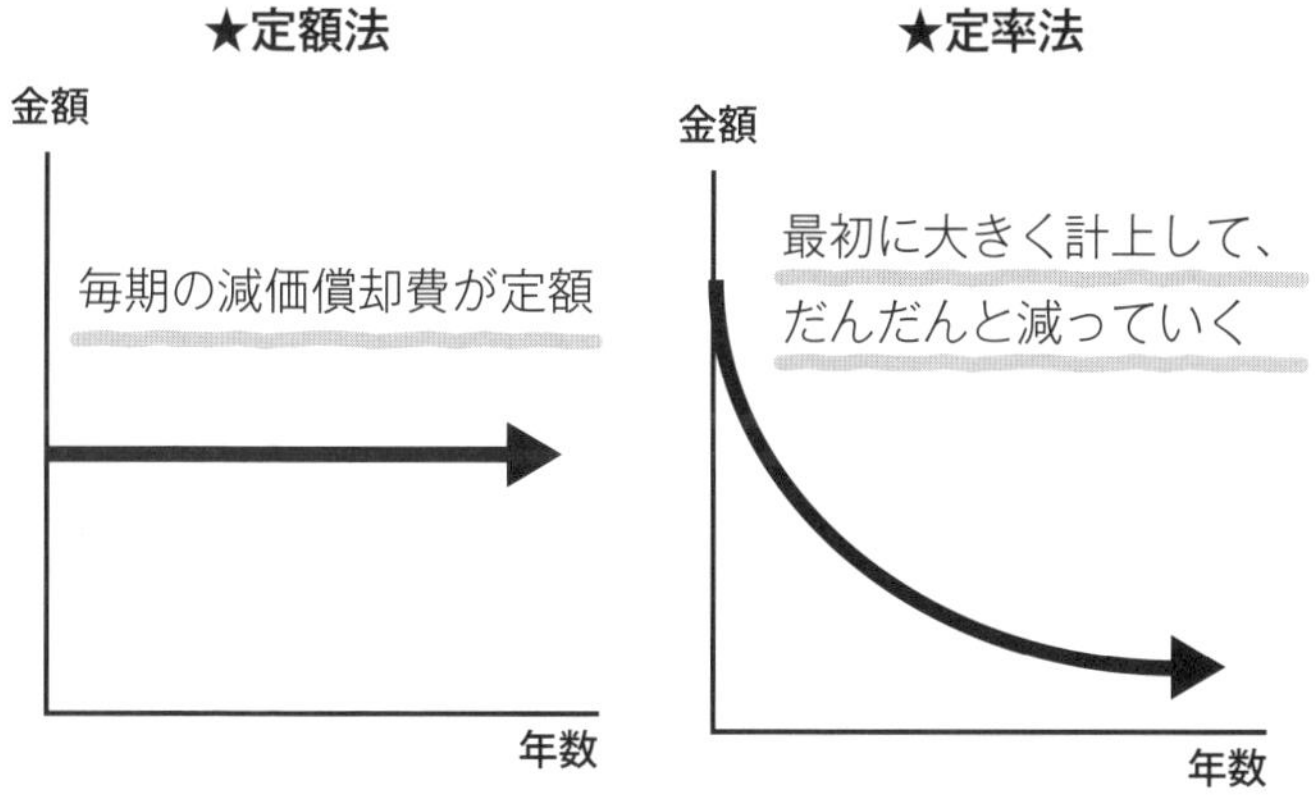

たとえば、建物であれば、短いもので11年（木造モルタル造で公衆浴場用のもの）、長いもので50年（鉄骨鉄筋コンクリート造・鉄筋コンクリート造のもので事務所用のもの）となっています。

また、一口に車両運搬具（自動車）といっても2年から6年の開きがあります。

こういう年数を「法定耐用年数」と言います。

主な減価償却資産の耐用年数表は、国税庁などのホームページでご覧ください。

減価償却の計算方法にはさまざまなものがありますが、もっとも一般的なものは2種類です。

・取得価額に毎期一定の率をかけ、毎期の減

価償却費が定額である「定額法」

・期首の帳簿価額（＝まだ、減価償却していない未償却残高）に一定割合をかけ、最初のほうの減価償却費のほうが大きくなる「定率法」

なお、中小企業の場合、税法上の耐用年数ですべての固定資産の減価償却を行うことが大半ですが、上場企業などには独自の固定資産の減価償却基準がある場合もあります。

◎貸借対照表から見た減価償却費

では、この減価償却費は、貸借対照表にはどのように反映されるのでしょうか。

貸借対照表に固定資産（建物、構築物、機械及び装置、車両運搬具、工具器具備品など）として計上されている金額は、購入価額そのものが計上されているわけではありません。損益計算書で割り出されたその期の減価償却費が、固定資産から控除された形で表示されます。

このときの記載方法には、

減価償却費はどう反映される？

〈ある期の損益計算書〉
（1 回目の減価償却）

減価償却費　5 万円

→

〈貸借対照表 / 直接法〉

固定資産　　95 万円

実際の購入価格は 100 万円ということ。
貸借対照表には、減価償却費が差し引かれた金額が記載される（直接法）

・建物などの固定資産の帳簿価額から直接控除する方法（直説法）
・減価償却累計額という形で過去の減価償却費も含めて表示し、購入価額と減価償却累計額とを両建てにする方法（間接法）

の2種類があります。減価償却累計額という表示がとくになければ、直接法で表示されているということです。最初から、減価償却費を差し引いた金額だけが記載されます。

貸借対照表に「固定資産　95万円」と書いてあったとしても、実際の購入額は「固定資産　95万円＋減価償却費」ということです。

なお、無形固定資産の減価償却方法は直接法のみとなっています。

第４章
「損益計算書の読み方と重要なポイント」
のまとめ

□ 損益計算書は、「業種」「売上高」「売上総利益」の３つを最初にチェックする

□ 売上総利益を上げるためには、価格設定が重要だが、それに伴う不都合が生じないかシミュレーションしておく必要がある

□ 売上総利益が出ていても、営業利益が少ない場合は販管費が大きすぎる可能性がある。販管費は基本的に固定費なので、抜本的な改革が必要になることもある

□ 経常利益を見るときには、支払利息に気をつけることが必要。支払利息も固定費であり、これを改善するには、金融機関と話し合って対策を取る必要がある

□ 会計の世界と税金の世界では計算の仕方が異なるため、「損益計算書の利益×税率＝支払う税額」となるわけではない

第5章

損益計算書から、
会社の成長性と内情を
推し量る

1 損益計算書を当期と過去で比べてみよう

◎自社の成長の度合いを知る

自社が成長しているかどうか、もしくは、どんなふうに成長しているのかを知りたいとき、現在（最新）と過去の損益計算書を比較するとわかりやすいでしょう。

経営分析の第一歩として、2期（前期、当期）、3期（前々期、前期、当期）、またはそれ以上（5期など）を並べて比較するというのは、よく行われます。

では、その際、どんなポイントを見ていけばいいのでしょうか。

まず見るべきポイントは、やはり、売上、各利益（売上総利益、営業利益、経常利益、税引前当期純利益、当期純利益）です。

これらが前期、前々期などと比べ、どう推移しているのかをチェックします。

損益計算書の、どこが増えているのか、減っているのか、その額はどの程度なのか？

過去の損益計算書と見比べる

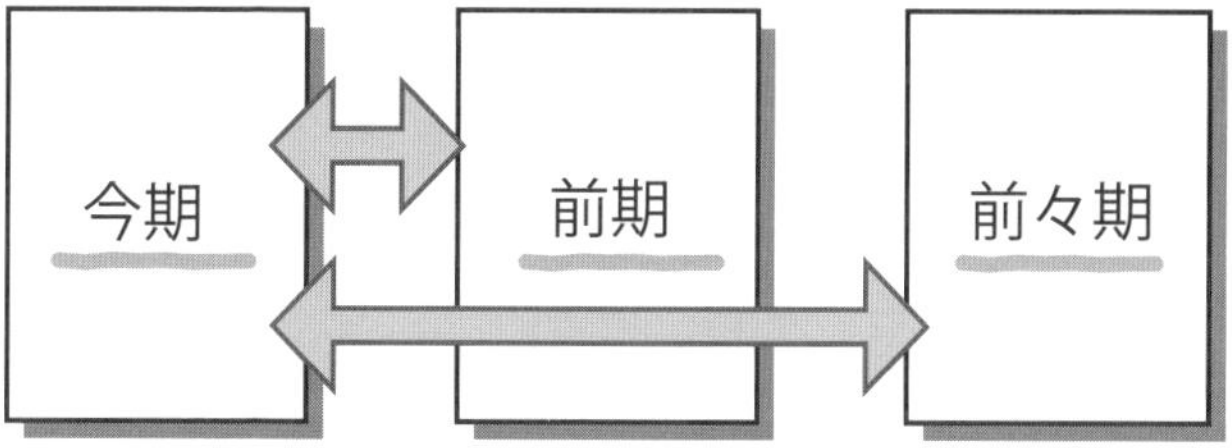

比較することで、自社の問題を正確につかめる！

	当期	前期	それ以前
売上	×××	×××	×××
売上総利益	×××	×××	×××
営業利益	×××	×××	×××
経常利益	×××	×××	×××
税引前当期純利益	×××	×××	×××
当期純利益	×××	×××	×××

数字の増減は、企業の内情を必ず表している！

たとえば、売上は前年より伸びているのに、営業利益は横這いという場合もあります。

◎数字の推移から「なぜ?」と考えよう

飲食店の例で考えてみましょう。

「店舗数が増えたので売上高は伸びたが、営業利益はそうでもない」という場合に、以下のような要因が考えられます。

・家賃が高い
・内装などの初期投資が多額であるために、減価償却費も多額である
・アルバイトの人件費がかさんでいる
・多額の広告宣伝費をかけた割に、効果が出ていない

こういう場合は販売費及び一般管理費を横に並べて比較すれば、どの経費が営業利益を圧迫しているのかがわかります。

たとえば、「アルバイトの人件費が増えすぎている」ということなら、「店長のシフト

管理は適切か?」といった改善点が見えてきます。

他には、前期と比較して原価率が高くなり、売上高が伸びたほどは売上総利益が伸びていないという可能性もあります。

この場合は、次の要因が考えられます。

・市場動向による仕入れ価格の高騰
・仕入れる食材をより質のいいものにした
・食材の管理が悪く廃棄率が高くなった

数字が増減している原因はひとつとは限らないので、見逃さないことが大切です。

逆に、売上はそれほど変わっていなくても、売上総利益がそれ以上に伸びている場合も当然あります。これは仕入ルートの変更、一括購入による原価の低減などの企業努力が功を奏したと言えるでしょう。

ちなみに、大手回転寿司チェーンのスシローでは、安い価格で提供しているだけに、食材の廃棄率はダイレクトに売上総利益を圧迫します。そのため、流すネタの種類、量を徹底的に管理し、業界平均の廃棄率が6％とのところ、スシローでは4％となっているそうです。

◎どこに変化があったのか一目瞭然

左図は、株式会社あきんどスシローの、第4期と第5期の損益計算書です。

上から順に見ていくと、「税引前当期利益」が前年より減っているのがわかります。

その上を見ると、「特別損失」が大きく増えています。

特別損失は、臨時的に発生する損失ですから、最終的に当期純利益は減っているものの、本業そのものは順調であることがわかります。

税引前当期純利益は、固定資産売却損、子会社株式売却損などの一時的な「特別損失」により増収減益、場合によっては赤字になる場合もあります。ただし、経常利益が適正に出ており、たとえば、含み損を一掃するための固定資産の売却などの一時的な損失であれば、問題ありません。

こういう一時的な損失により赤字になることを、銀行への体裁上、必要以上に保守的に考える会社（とくに中小企業）もありますが、その心配は不要です。

スシローの第４期と第５期の損益計算書

（単位：百万円）

科　　目	第４期	第５期	
売上高	99,821	111,304	↗up
売上原価	49,778	55,387	
売上総利益	50,042	55,917	↗up
販売費及び一般管理費	45,573	49,434	
営業利益	4,469	6,482	↗up
営業外収益	220	275	
営業外費用	240	115	
経常利益	4,450	6,643	↗up
特別利益	7	0	
特別損失	**650**	**4,985**	特別損失の増加
税引前当期純利益	3,807	1,657	↘down
法人税等	2,827	1,657	
当期純利益	979	0	↘down

経常利益が増えたのに、税引前当期利益が下がったのは、特別損失に原因があった

なぜならば、金融庁が銀行などの金融機関を検査する場合の基準である金融検査マニュアルには、次のように記載されているからです。

「赤字企業の場合、以下の債務者については、債務者区分を正常先と判断して差し支えないものとする。（中略）（イ）赤字の原因が固定資産の売却損など一過性のものであり、短期間に黒字化することが確実と見込まれる債務者」

このように、損益計算書の数字を横に並べて比較することにより、色々なことが見えてきます。

もちろん、上がった理由、下がった理由というのは、外部にいる人にはわからない場合も多いです。しかし、**数字の増減は、必ずその企業の何らかの内情を表しています。**

だからこそ、「この数字の動きはなぜ？」という視点を持って損益計算書を見ることが重要なのです。

② 損益計算書を同業他社同士で比べてみよう

◎売上が同じくらいでも、内情が同じとは限らない

現在と過去の損益計算書を比較することで見えてくることはたくさんあります。

その一方で、同業他社（ライバル会社）同士の違いを比較することも、大変重要です。同じ業種であっても、右と左に並べて比較してみると、その違いが顕著に現れることがあります。

その際は、損益計算書だけでなく、貸借対照表も一緒に活用することをおすすめします。

ここでは、スシローを運営する「株式会社あきんどスシロー」と、かっぱ寿司を運営する「カッパ・クリエイトホールディングス」の損益計算書を比べてみましょう。

長年にわたり、回転寿司業界のトップを走り続けてきたかっぱ寿司がスシローに業界

1位の座を明け渡し、直近の決算ではスシローの売上高が約1113億円に対し、かっぱ寿司は941億円です（かっぱ寿司の場合は、原価率85％のベンダー事業の売上が114億円含まれています）。

左の図をご覧ください。

まず、売上高を見てみると、この2社は売上規模が少し違いますが、びっくりするほどかけ離れているわけではありません。

次に、売上総利益（粗利益）を考えてみましょう。

飲食店というと、通常は、原価率30％、人件費30％、その他経費30％で、売上に対して10％の利益を出すことが「目標」という業界です。

回転寿司の場合、それよりは原価率が高くなりやすい傾向があります。

スシローの原価率は約50％、かっぱ寿司の原価率は約40％というところで、だいたい10％の差があります。

原価率が高くなりやすい回転寿司と言えども、原価に50％もかけながら黒字経営をし

同業他社の損益計算書を比べてみる

〈あきんどスシローと
カッパ・クリエイトホールディングズの比較〉

（単位：億円）

	スシロー	かっぱ寿司
売上高	1,113	941
売上原価	554	423
売上総利益	559	518
販売費及び一般管理費	494	510
営業利益	64.8	8
経常利益	66.4	7.9
税引前当期純利益	16.5	-9.5
当期純利益	0	-22.3

	スシロー	かっぱ寿司
原価率	554÷1,113≒0.5 →50%	423÷941≒0.4 →40%
売上高に占める販管費の割合	494÷1,113≒0.44 →44%	510÷941≒0.54 →54%

原価率や、売上高に占める販管費の割合など、
会社の利益構造を知る手がかりになる！

あきんどスシロー……計算書類第5期/平成23年10月～平成24年9月
カッパ･クリエイトホールディングズ……2013年2月期期末決算説明資料/平成24年3月～平成25年2月

ているということは、それは大変な企業努力というか、通常はほぼ達成できない数値でしょう。

また、会社の経費の多くを占める、「販売費及び一般管理費」が、売上高に占める割合を見ると、スシローが44％、かっぱ寿司が54％です。

固定費である販管費の割合が低いということは、スシローのほうがリスクの少ない経営を行っていると言えます（これは、販管費が少ないほうが単純によいということではありません。なぜならば、忙しい割には給料が低く、社員の離職率が高いといった会社もあるからです）。

そして、経常利益を比較してみると、スシローの66・4億円に対し、かっぱ寿司は7・9億円で、スシローはかっぱ寿司の約8倍の経常利益を出していることになります。

こう見ていくと、同じ業界、同じような売上であったとしても、その内容は相当な違いがあることがわかります。

このように、他社との比較をすることにより、「どこを改善すべきなのか？」「どこの数字がライバル会社に負けているのか？」「勝っているのか？」ということを知ることが重要です。

もちろん、スシローの原価率もそうですが、「他社に比べてコストが高いなら単純に下げればいい」ということではありません。

その企業の考え方に合わせたコスト構造になっていればいいのです。

③「損益分岐点」を考えてみよう

◎「損益分岐点売上高」とは？

損益計算書を読むうえで、切り離せないのが「損益分岐点」の考え方です。

損益分岐点とは「売上＝経費の総額（固定費＋変動費）」となる点、つまり、費用と利益がトントンとなる分岐点のことを指します。

繰り返しになりますが、「変動費」というのは売上の増減に応じて増減する経費のことで、一般的には売上原価などがあてはまります。

一方、「固定費」は、人件費、地代家賃、保険料などの、売上の増減とは関係なく会社を維持するために必要な一定の経費のことで、販管費は基本的に固定費となります。

損益分岐点を図にすると左図のようになります。

損益分岐点のグラフの構造

経費の総額と売上高が交わるところが、損益分岐点

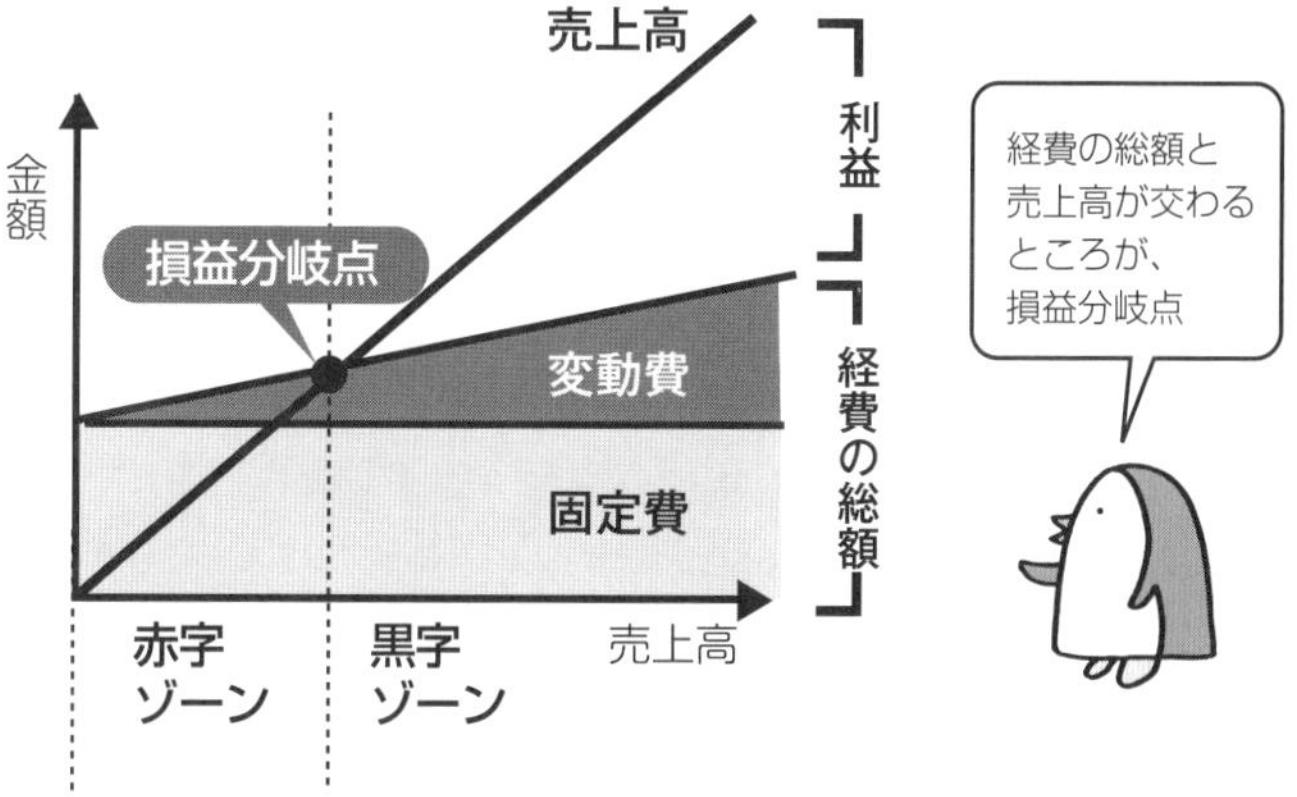

そして、その点が示す売上高のことを「損益分岐点売上高」と言います。

この損益分岐点売上高に売上高が到達していない場合は、その事業は赤字ということになります。

それでは具体的に見ていきましょう。

損益分岐点売上高の具体的な計算式は、「損益分岐点売上高＝固定費 ÷ 限界利益率」です。

「限界利益」とは、売上高から変動費を差し引いたものを言います。

そして、「限界利益率」とは、その限界利益を売上高で除したものです。

したがって、計算式は**「限界利益率＝（売上高 − 変動費）÷ 売上高」**となります。

これで、損益分岐点売上高が計算できます。

わかりやすいように、次のような条件で考えてみましょう。

・1個の定価100円、原価（＝変動費）40円、利益60円の商品（つまり原価率40％、限界利益率60％）
・1年間の販売個数を1個
・会社の年間固定費が60円

これを計算すると、「固定費60円÷限界利益率60％＝100円」となり、損益分岐点売上高は100円ということになるのです。

つまり、このケースでは100円以上の売上高がないと、赤字になるということです。

◎固定費が高いのは、ハイリスクハイリターン経営

ところで、どこかの会社の損益計算書を見た際に、営業利益が営業損失（赤字）になっていたら、そのコスト構造に注目してみましょう。

損益分岐点売上高の求め方

損益分岐点での売上高を求めるには？

損益分岐点売上高＝固定費 ÷ 限界利益率

限界利益＝売上高－変動費
限界利益率＝限界利益 ÷ 売上高

【前提】

・1 個の定価 100 円、原価 40 円、利益 60 円の商品
・1 年間の販売個数 1 個
・会社の年間固定費が 60 円

【計算】

〈限界利益〉 100 円－40 円＝60 円
〈限界利益率〉 60 円 ÷100 円＝0.6
〈損益分岐点売上高〉 60 円 ÷0.6 円＝100 円

1 年に 100 円以上の売上がないと、
赤字になってしまうということ

変動費と固定費の割合を見ると、その内訳から会社の特徴が見えてきます。

変動費の割合が高いビジネスは、ローリスクローリターンの安定しているモデルです。少ないお金でできる事業であり、その分儲けも小さくなります。

逆に、固定費の割合が高いビジネスは、ハイリスクハイリターンのモデルです。莫大な投資が必要ですが、採算ラインを越えれば儲けは大きくなります。

ときどき、上場会社が「業績を発表していた数値よりも下方修正」と報道されることがありますが、固定費の割合が高い会社だと、売上が当初の予想よりも3～5％程度減っただけで、赤字額が当初予想額の2倍になるということもあり得ます。

少し売上が落ちただけでも、大きく営業利益が落ち込んでしまうのが、固定費の割合が高いビジネスなのです。

4 何%なら売上が落ちても赤字にならないか?

◎その会社の経営にはどの程度余裕があるのか

前項で、損益分岐点について、ご説明しました。

そこで、**売上高が損益分岐点を超え、現状よりも何%なら売上が下がっても赤字にならないかを表したのが「安全余裕率」です。**

これを計算する具体的な算式は「(実際の売上高－損益分岐点売上高)÷実際の売上高」となります。

たとえば、先ほど同じく1個の定価100円、原価(＝変動費)40円、利益60円の商品を前提としましょう。

そして、1年間の販売個数を120個、固定費を6000円とします。

そうすると、損益計算書は次のようになります。

・売上……100円×120個＝12000円
・原価（変動費）……40円×120個＝4800円
・粗利益……12000円－4800円＝7200円

損益分岐点売上高は、前述の計算で求められるとおり、「6000円÷60％＝10000円」です。

その結果、安全余裕率は（12000円－10000円）÷12000＝0・1666……（約17％）となります。つまり、この会社は現状より売上が約17％落ちても損益トントンで赤字にならずに済むというわけです。

安全余裕率の求め方

安全余裕率＝
（実際の売上高－損益分岐点売上高）÷ 実際の売上高

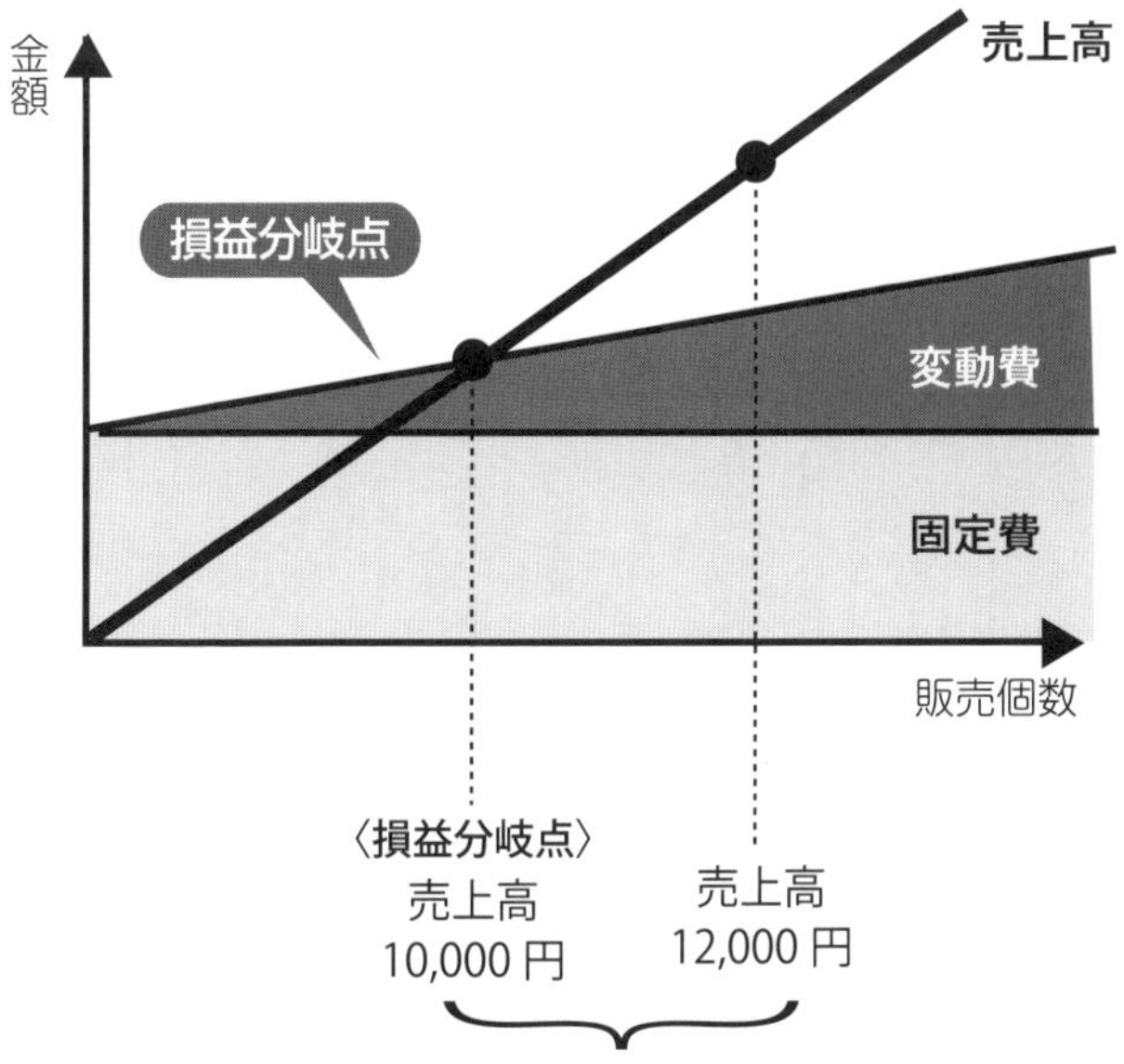

（12,000円－10,000）÷12,000≒0.17

安全余裕率：約17%

5 会社の今後を予測し、備える

◎成長している会社の特徴

冒頭でも述べましたが、その会社が成長しているかどうかの判断材料には、売上高などの目に見える部分（定量要因）と、社員の成長などの目に見えない部分（定性要因）とがあります。

そのうち、決算書で判断できるのは定量要因のほうです。

損益計算書では売上高、人件費、地代家賃、各利益が増加しているかどうかで判断できます。これはわかりやすいでしょう。

一方、貸借対照表では、資産が増加しているかどうかで判断できます。

たとえば、次のような現象が確認できるかチェックしてみましょう。いずれも成長している会社に見受けられやすい特徴です。

・**現金・預金が増加しているか**

・**売掛金や受取手形、買掛金や支払手形が増加しているか**

・**設備投資が増加しているかどうか**

（業種にもよるが、継続的に設備投資ができていれば伸びている。ただし、時流に乗って過剰な設備投資をした場合、そのブームが終わった場合は逆に経営の足を引っ張る存在にもなりかねない）

・**短期借入金が増加しているかどうか**

（会社が成長し、足りない運転資金の額が増えている場合は短期借入金が必要）

・**長期借入金、社債などの固定負債が増えているか**

（設備投資などの固定資産の設備投資に伴って増える）

◎リスク回避の基準を知ろう

もし、売上も利益も毎期伸びてとても勢いのある状況でも、油断してはいけません。

天変地異も含め、企業を取り巻くリスクはいつどういう形で実現するかわからないからです。業績が悪くなる場合に備えて次のようなことも考えておきましょう。

これらの数値は、損益分岐点の考え方から導きだすことが出来ます。

・何％までなら売上が下がっても、損益分岐点を割らないのか

（安全余裕率。仮に赤字になったとしても、一定期間の経営は間違いなく維持でき、その期間に経営を立て直せる体制を整えておくため）

・売上がたとえば半分になった場合、どの程度の期間経営を維持できるか

・「役員報酬」を0円にした場合の損益分岐点

（緊急事態の場合、役員報酬を返上して経営を継続するときのため）


赤字が続いたとしても会社は倒産しません。

会社が倒産するのは金融機関にお金を返済できなくなり、工場などの不動産が競売された場合（競売の申し立てがされても、すぐに入札になるわけではありませんが）や、買掛金を支払えずに仕入をすることができない場合です。

したがって、**「緊急事態が起きたときにも、一定の支払いができる企業なのか？」とい**

うことが非常に重要な問題です。

さらに言えば、中小企業にとって、社長の死亡は上場企業以上に緊急事態ですから、どの程度の生命保険に加入しているかということも非常に重要な問題です。

いざというときには、現状の金融資産、固定資産などの資産を売却して準備できる資金、生命保険で準備してある資金がどの程度なのかも考える必要があります。

損益計算書、貸借対照表がよい形のときこそ、リスクに備えることは大切です。

第５章
「損益計算書から、会社の成長性と内情を推し量る」
のまとめ

□ 数字の増減には、必ずその会社の内情が関わっている。外部からはわかりにくいけれど、「なぜ？」という視点を持つことは大切

□ 業種や売上高が同じだからといって、企業運営のやり方も似通っているとは限らない。それぞれの内情に沿ったやり方があるため、どこが違うのかに目をつけよう

□「損益分岐点売上高」というのは、経営を維持するのに必要な売上。固定費の割合が大きい会社はハイリスク・ハイリターン、変動費の割合が大きい会社はローリスク・ローリターンのビジネスモデルと言える

□ 成長している会社では、現金や借入金、設備投資、売上債権、買入債務が大きくなる

□ 会社が順調なときほど、リスクを見積もっておく。どれくらいなら売上が下がっても経営を維持できるか、役員報酬を０円にした場合の損益分岐点など

第6章

適正な収益を上げている会社か見極めよう

1 少ない資本で大きな利益を上げよう

◎資本利益率とはなんだろう

ここからは、企業の「収益性」について見ていきましょう。

収益とはその会社の事業から得られる利益のことです。会社にとっては収益が大きいほど経営はうまくいっているということになります。

ただし、「収益性」という意味では、ただ単に収益が大きければいいかというと、そうでもありません。

企業の収益性というとき、一般的に**「資本利益率」**という考え方が基本になります。

資本利益率とは、簡単に言えば、「どれだけの資本（元手）で、どれだけの利益を上げたか？」ということです。

会社にとってはいくらの利益を上げたかという金額も重要なのですが、効率という観

資本利益率とは？

どれだけの資本でどれだけの利益を
あげられるか？

★A社

資本金　10億円
利益　　1,000万円

★B社

資本金　1億円
利益　　1,000万円

利益が同じなら、資本金が1億円しかない
B社のほうが、はるかに効率がいい

投資家にしてみると、投資に対して
より大きなリターンを生み出せる
会社（B社）のほうが魅力的

会社の経営効率を比較する際に
活用していこう

ROAとROE

★資本利益率を割り出すうえで覚えておきたい2つの指標

総資本経常利益率（ROA）

投下資本がどの程度の効率で利益を上げたか
→180ページ

自己資本当期純利益率（ROE）

株主の投資がどの程度のリターンを生んだか
→182ページ

点から考えると、もちろん少ない資本で大きな利益を上げられるほうがいいのです。

たとえば、同じ1000万円という利益を上げるA社とB社があるとします。

ただし、A社の資本は10億円、B社の資本は1億円という条件なら、利益額は同じでも、B社のほうが圧倒的に資本を上手に使って効率のいい経営をしていることになります。

もしかしたら、B社は業界的にも平均的な企業であり、A社が効率の悪い経営をしているのかもしれません。

そういうことを判断するのが資本利益率という考え方です。

企業に資金を投資する投資家からしてみれば、投資をした場合に、どの程度の効率で利益を生み出せる会社なのか（どれくらいのリターンがあるのか）という判断の材料にもなります。

ちなみに、資本利益率にはいくつかパターンがあるのですが、本書ではなかでも代表的な、

・総資本経常利益率（ROA）……投下資本がどの程度の効率で利益を上げたか
・自己資本当期純利益率（ROE）……株主の投資がどの程度のリターンを生んだか

の2つを取り上げていきます。

ROAとROEは会社の収益性を判断するうえでもっとも重要なものですが、この第6章でご紹介する各指標の数値を改善していくことで、結果としてこの2つも上がっていくことになります。

2 利益率を測る2つの指標 ROAとROE

◎総資本経常利益率

それでは、それぞれ具体的に考えてみましょう。

ひとつめの**「総資本経常利益率」は、ROA（return on assets）とも呼ばれています。総資本とは経営に投下されているすべての資本（他人資本＋自己資本）であり、これを使って会社がどれだけの収益を上げたかを示しています。**

数値は大きいほうがよく、一般的に、上場会社で2～3％程度、中小企業で5％程度が平均となりますが、なかには10％を超えるような優良企業もあります。

計算式は、「総資本経常利益率＝経常利益　÷　総資本　×　100」です。

この式に含まれる「経常利益」は損益計算書に、「総資本」は貸借対照表に、それぞれ記載されています。

総資本経常利益率（ROA）の求め方

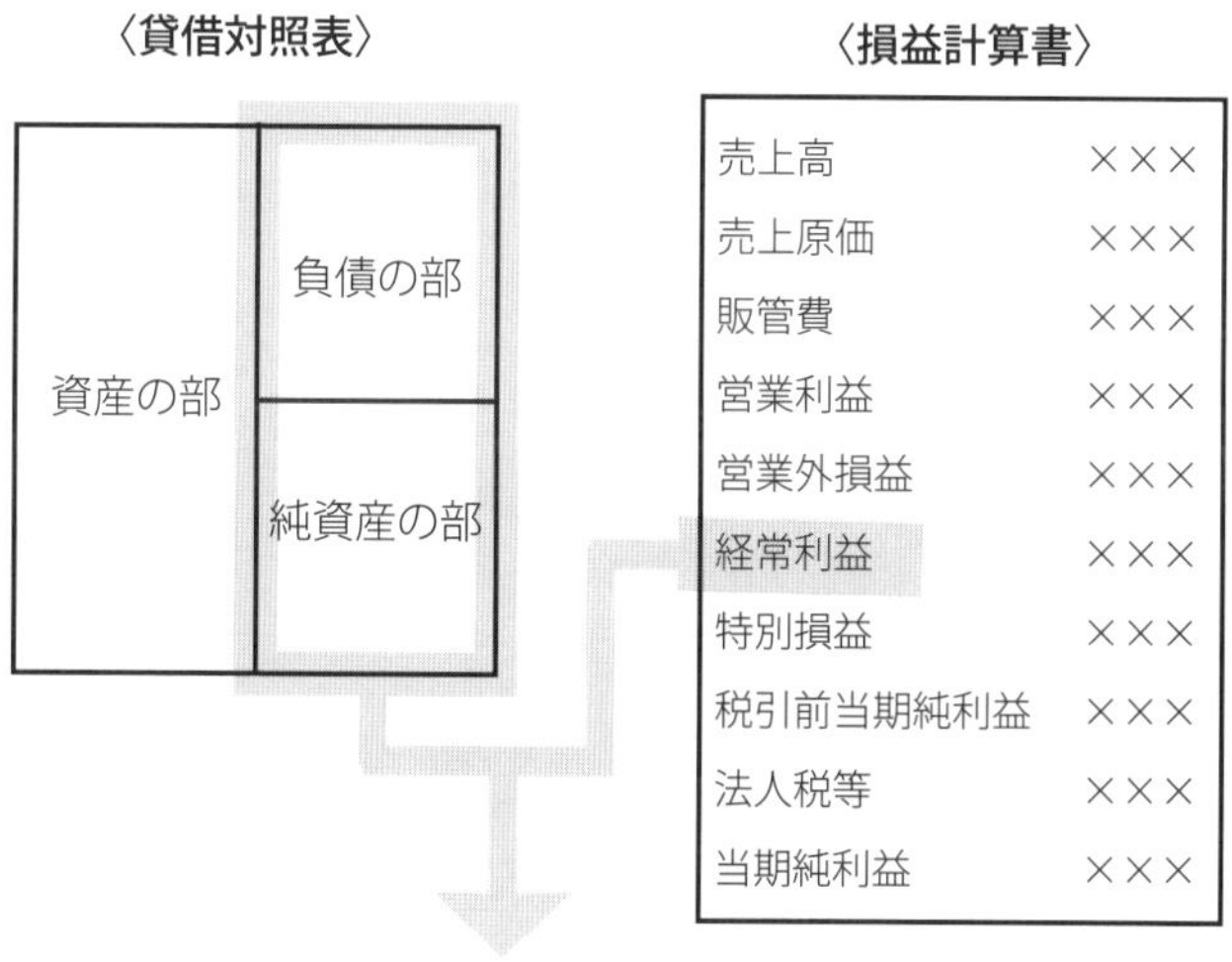

〈貸借対照表〉

資産の部	負債の部
	純資産の部

〈損益計算書〉

売上高	×××
売上原価	×××
販管費	×××
営業利益	×××
営業外損益	×××
経常利益	×××
特別損益	×××
税引前当期純利益	×××
法人税等	×××
当期純利益	×××

$$\text{総資本経常利益率（ROA）} = \frac{\text{経常利益}}{\text{総資本}} \times 100$$

$$= \frac{\text{売上高}}{\text{総資本}} \times \frac{\text{経常利益}}{\text{売上高}} \times 100$$

↙ ↘

総資本回転率
（総資本の何倍の売上高があるか）

売上高経常利益率
（売上高に対する経常利益の比率）

この式から判断できるのは、売上が簡単に上がらない状況では、

・経常利益を大きくするために、経費の見直し、削減を行うこと

・総資本の圧縮（固定資産の売却などによる借入金の返済など）を行うこと

の2つが必要だということです

要するに、ROAが高くなるのは、より資産の少ない会社がより大きな利益を上げているときということになります。

なお、この総資本経常利益率は、「総資本回転率（185ページに詳述）」と「売上高経常利益率」を掛け合わせたものであり（図版参照）、これらの指標を高めることで伸ばしていくことができます。

◎自己資本当期純利益率

2つめの**「自己資本当期純利益率」とは、ROE（return on equity）とも呼ばれています。これは、自己資本（資本金＋内部留保）に対する当期純利益の比率です。**

計算式は、「自己資本当期純利益率＝当期純利益 ÷ 自己資本 ×100」となります。

「自己資本」というのは、株主から払い込まれた資本金だけを指すのではなく、今ま

自己資本当期純利益率（ROE）の求め方

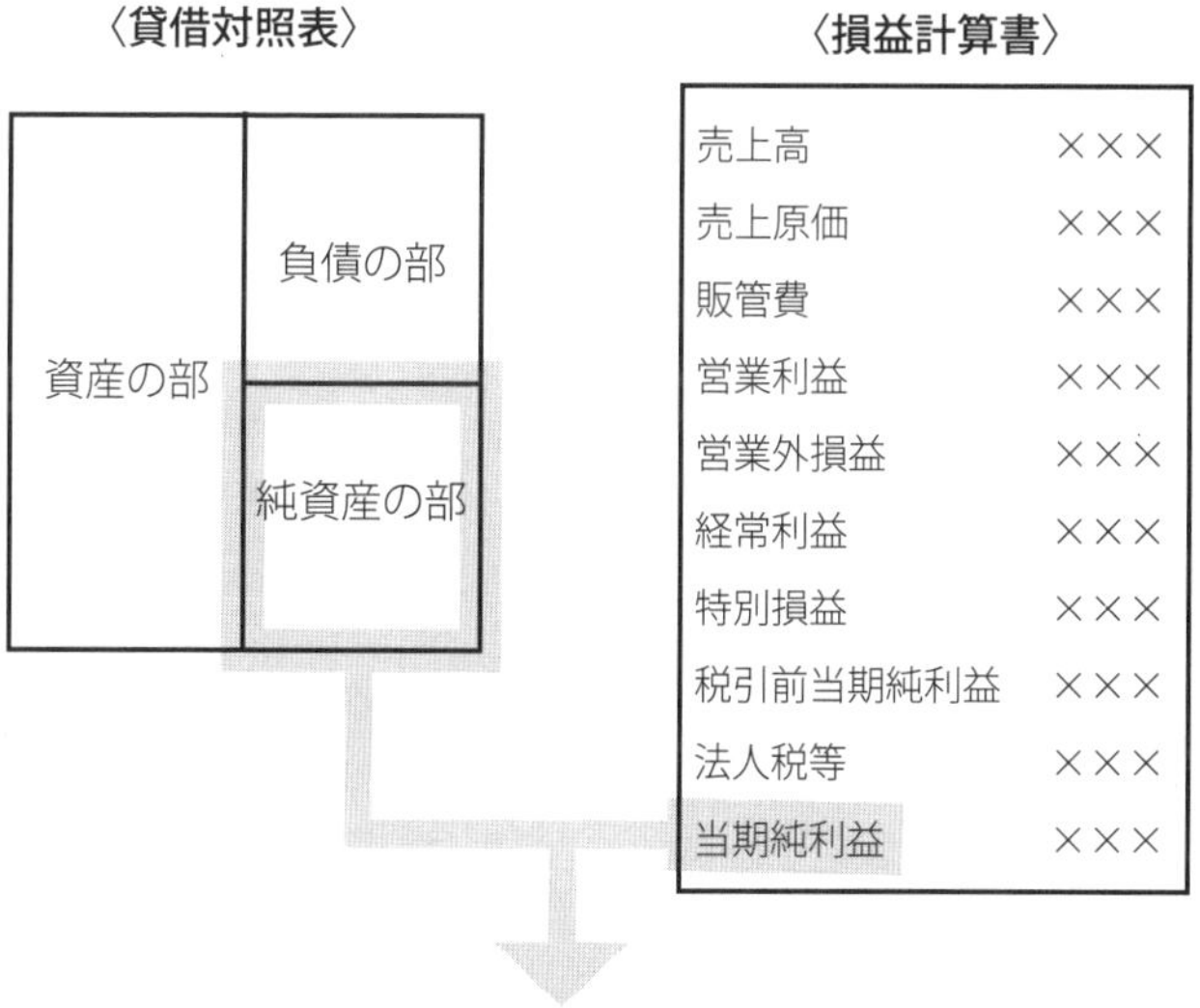

〈貸借対照表〉

資産の部	負債の部
	純資産の部

〈損益計算書〉

売上高	×××
売上原価	×××
販管費	×××
営業利益	×××
営業外損益	×××
経常利益	×××
特別損益	×××
税引前当期純利益	×××
法人税等	×××
当期純利益	×××

$$\text{自己資本当期純利益率（ROE）} = \frac{\text{当期純利益}}{\text{自己資本}} \times 100$$

投資家から資金調達をする
上場企業にとって、重要な指標

での利益の累積である内部留保も含めた概念となります

総資本経常利益率では、分子に経常利益を使いましたが、このROEでは税引き後の当期純利益を使います。

なぜならば、ROAは会社に投下したすべての資本（総資本）がどのくらいの利益を上げるものなのかを検証するものだったのに対し、ROEは投資家が投資額に対するリターンを検証するものだからです。

中小企業（特に、同族企業）の場合はこういう要素は薄いでしょうが、上場企業の場合は投資を募って資金を集めますから、このROEが大切な要素となります。

なお、日本企業のROEの平均値は3％くらい、アメリカの平均値は10％くらいとなります。

ちなみに、平成25年3月6日時点の上場企業のROE上位100位までを見ると、第1位がフルスピードの210・48％、50位がトラストパークの29・53％、100位がアンリツの21・50％となっています。

③ 総資本の回転率を上げる方程式

◎総資本回転率

総資本経常利益率のところで、総資本回転率の計算式（売上高÷総資本）をご紹介しました。この総資本回転率は、大変重要な指標ですので、もう少し詳細に見てみましょう。

総資本回転率とは、総資本（経営に投下したすべての資本）が1年間に何回転しているかを表しています。

計算式は、「総資本回転率＝売上高÷総資本」となります。たとえば、総資本が1億円の会社が1年に1回転という場合、売上は1億円ということになります。

当然、回転数が多いほど、資本を効率的に使ってたくさん儲けているということになります。

なお、総資本回転「率」ならば上記算式ですが、「1回転するのに必要な期間（日数）」

の場合は、「総資本 ÷ 売上高 × 365」で計算します。

収益性とは、回転率の高さと利益率の高さで決まるものですから、このどちらか、または両方を高めることにより、企業の収益性はドンドン上がっていくのです。

◎各資産の回転率

また、総資産とは総資本を投下した結果得られたものです。したがって、**総資産の一部である売上債権（売掛金、受取手形）、棚卸資産、固定資産などの資産も、総資本と同じように回転すると考えることができます。**

ここで、1年間の回転日数が次のような会社があったとして、どう検証すればいいかを見てみましょう。

・現金・預金の回転率は「売上高（10億円）÷預金（1億円）＝10回転」
・売上債権の回転率は「売上高（10億円）÷売上債権（2億円）＝5回転」
・棚卸資産の回転率は「売上高（10億円）÷棚卸資産（5億円）＝2回転」
・固定資産の回転率は「売上高（10億円）÷固定資産（2億円）＝5回転」

総資本回転率の求め方

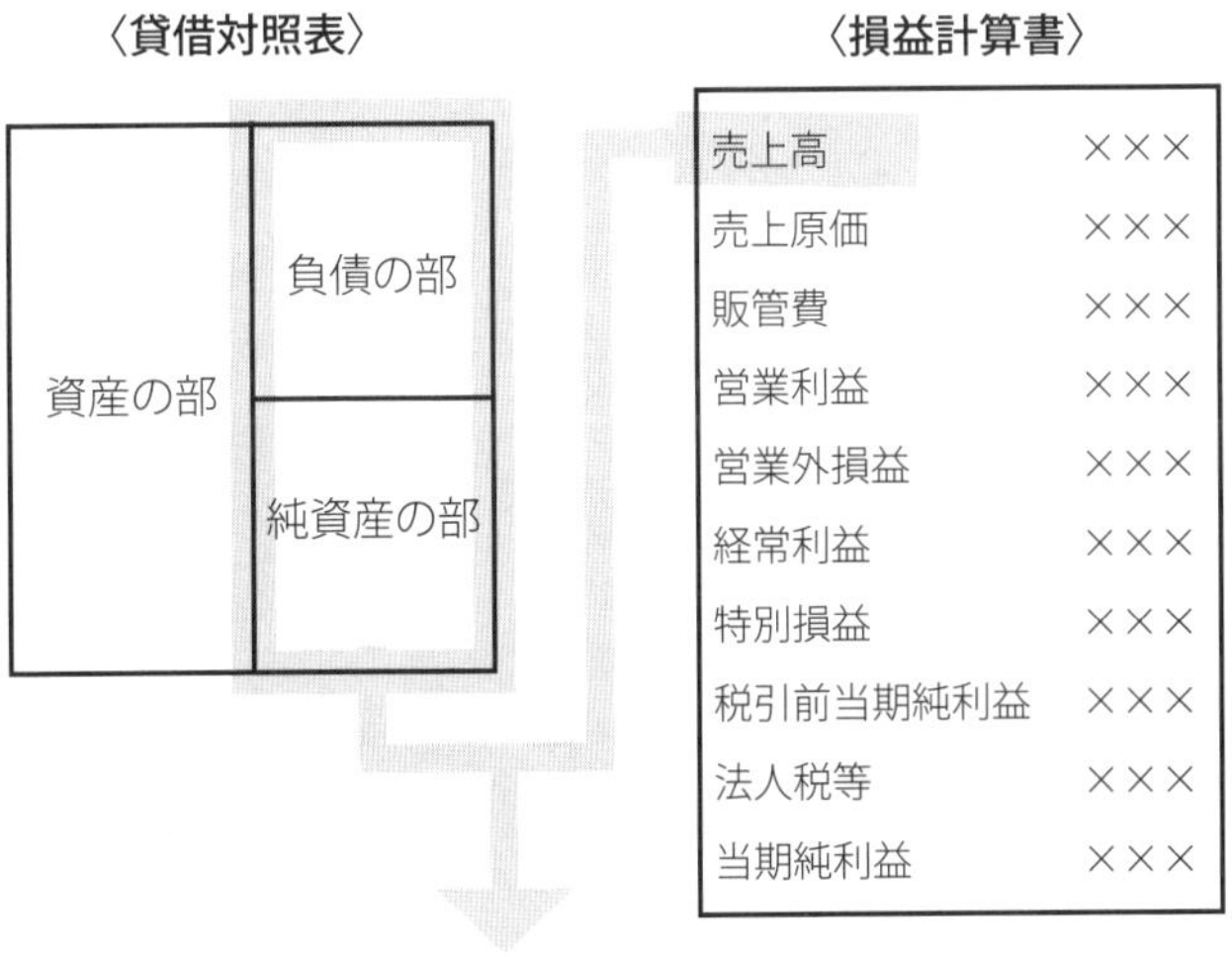

〈貸借対照表〉

資産の部	負債の部
	純資産の部

〈損益計算書〉

売上高	×××
売上原価	×××
販管費	×××
営業利益	×××
営業外損益	×××
経常利益	×××
特別損益	×××
税引前当期純利益	×××
法人税等	×××
当期純利益	×××

$$総資本回転率 = \frac{売上高}{総資本}$$

★1 回転するのに必要な日数の割り出し方

$$日数 = \frac{総資本}{売上高} \times 365$$

総資本 10 億円　売上高 20 億円の場合
総資本 ÷ 売上高 ×365＝182.5 日

繰り返しになりますが、個別の資産の合計が総資本（＝総資産）ですから、個別の資産の回転率を見た場合、その回転率の悪い資産の回転率を上げることができれば、全体（総資本）の回転率も上がるわけです。

この会社の場合、現金・預金は10回転、売上債権は5回転、棚卸資産は2回転、固定資産は5回転なので、2回転の棚卸資産の回転率がもっとも悪いということになります（ここではわかりやすいように数字を極端にしましたが、実際には売上高の半分も棚卸資産があったら異常事態です）。

そこで、この会社は棚卸資産の圧縮をすれば、回転率は上がり、結果として、総資本利益率も上がるのです。

具体的には、

「利益率は高いが、なかなか売れない商品の仕入れをやめ、利益率は低くても仕入れたらすぐに売れる商品に切り替えること」

「適正在庫の総額を2億円とし、仕入れ状況を管理していくこと」

「不良在庫を安く処分すること」

などの対策が必要です。

資産別回転率の求め方

各資産の回転率を上げることで、
全体の回転率も上がる！

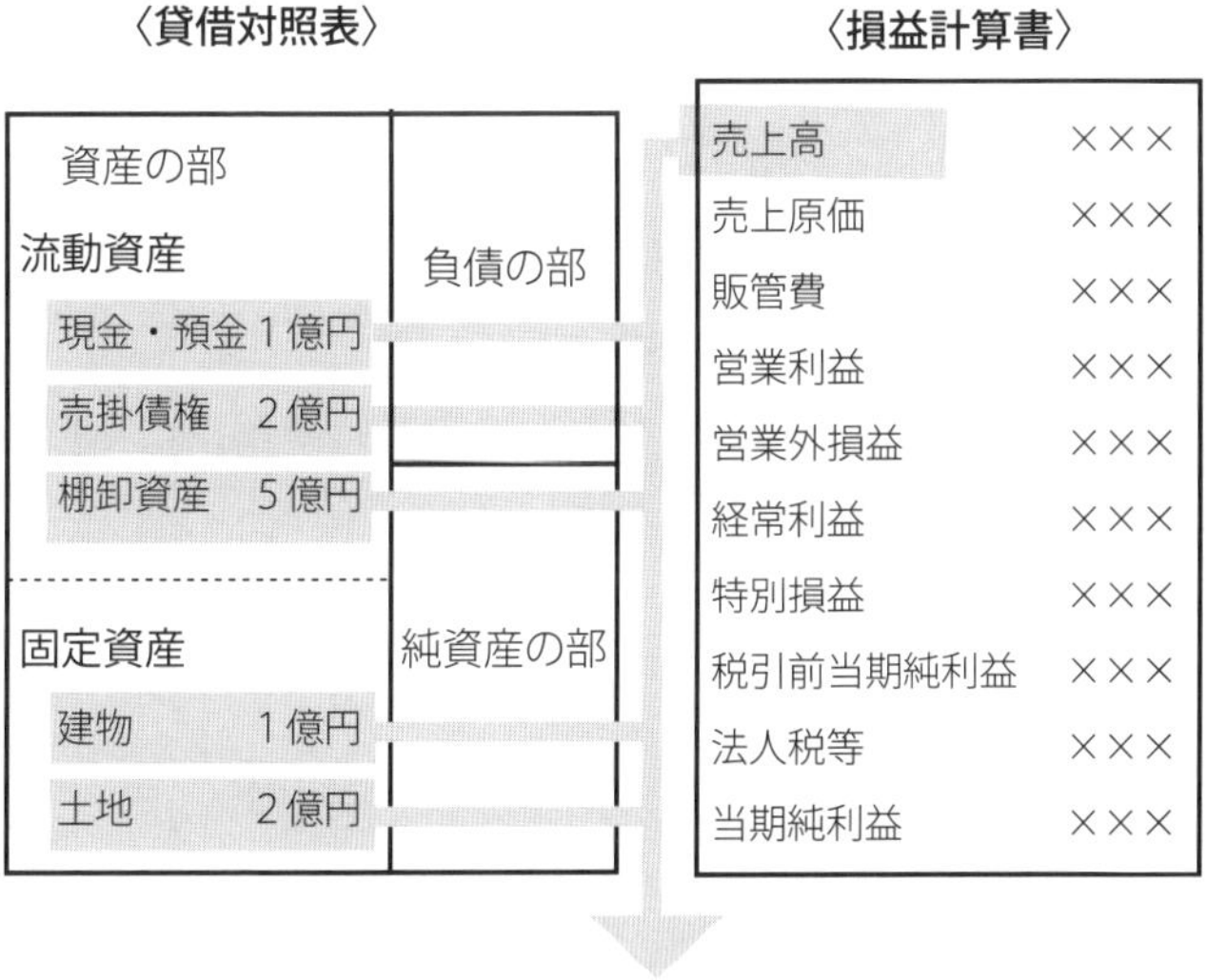

$$各資産の回転率 = \frac{売上高}{各資産}$$

★棚卸資産5億円、売上10億円の場合

10億円 ÷5億円＝2　→2回転

回転率の悪いものから改善していこう

特に、「回転しないけれど利益率が高い商品」を適正額以上に抱えている会社は珍しくありませんので、ご注意ください。

ちなみに、この会社の棚卸資産が3億円に圧縮されると、総資本は8億円となり、総資本経常利益率は圧縮前の「1億円÷10億円＝0・1（10％）」から「1億円÷8億円＝0・125（12・5％）となり、改善されるのです。

◎買入債務と売上債権の回転率

ここまでは資産の回転率に注目し、これを上げることをお話ししてきました。

最後に、負債の回転率にも注目してみましょう。

企業にとって、借りたお金は、なるべく長く借り続けられたほうが有利です。

そのためには、**買入債務（買掛金、支払手形）や固定負債の回転率（回転日数）の効率を「悪く」すれば、自社の効率は上がります。**

これは、支払いを受ける相手にとっては、売上債権の回転率が悪くなることと表裏一体の話です。だから、自社の状況、そもそもの支払サイトが適正か（長すぎないか）ということを考えて、仕入先などの支払先と交渉する必要があります。

買入債務と売上債権を比べてみよう

買入債務……回転率が下がる 売上債権……回転率が上がる	◎ 資金繰りがラクになる
買入債務……回転率が上がる 売上債権……回転率が下がる	× 資金繰りが苦しくなる

売上債権の回転率を高く、
買入債務の回転率を低めに保ちたい！

売上債権の回転率が上がり、買入債務の回転率が下がれば、売上債権の回収が今よりも早くなり、買入債務の支払いが今よりも遅くなります。

当然、この支払サイトの変更により、資金繰りもラクになります。

逆に、売上債権の回転率と買入債務の回転率を比べた場合、逆転現象が起きているなら、それは売上が上がれば上がるほど、資金繰りが圧迫されることになります。

そういう場合は、それぞれの支払サイトを見直す必要があるでしょう。

そうしないと、黒字倒産という憂き目を見る可能性も出てきます。

④ 売上総利益が下がったら、検証するべきこと

◎得意先別の商品単価、利益率を検証する

この章では企業の収益性に着目してお話しをしていますが、売上総利益は前にも書いたように企業活動の源泉となる部分です。したがって、ここをいかに確保するかは会社が未来永劫に渡り続くための絶対命題と言えます。

しかし、売上が上がったのに売上総利益が下がってしまった、売上も売上総利益も下がってしまった、ということもあります。

そういう場合はどういう対策を講じればいいのでしょうか？

損益計算書に載っている売上総利益は「売上－売上原価」なので、まずは売上の検証をする必要があります。

薄い利益のために、経費を使いすぎていませんか？

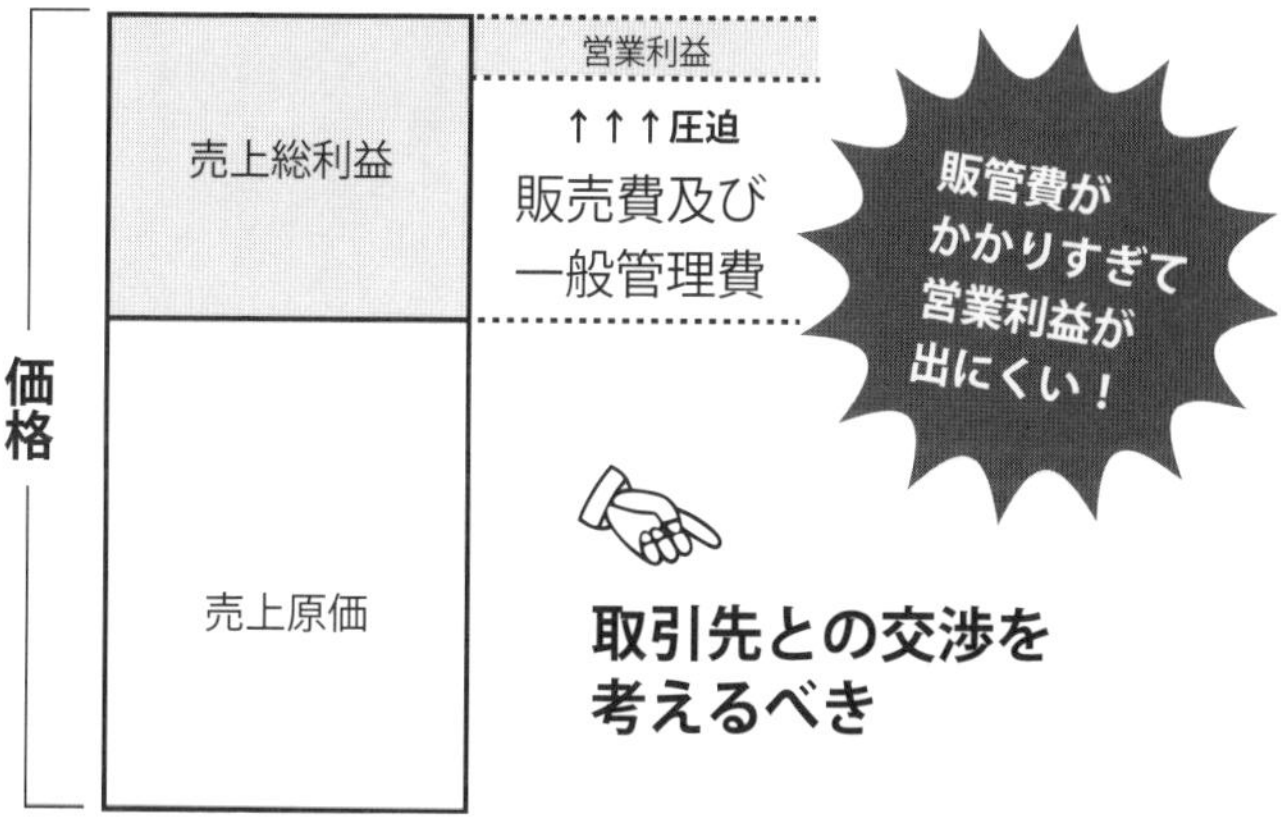

その際に検証していただきたいのが、得意先別の商品単価、利益率です。

これを検証し、取引しても利益があまり上がらない得意先があれば値段交渉をすべきですし、その交渉が決裂したならば、その得意先との取引はやめ、別の得意先を探したほうがいいかもしれません。

その薄い売上総利益を稼ぐためであっても、社員の人件費もトラックなどの運送費も必要です。

もしかしたら、その得意先は少ない売上総利益は出ていたとしても、営業利益ベースで考えると、むしろマイナスになっているかもしれません。

◎得意先別の売上債権粗利益率を考えよう

ただし、このように書くと「じゃあ、とにかく利益率の高い得意先を探せばいいのか」と思われるかもしれませんが、そうではありません。

売ったお金が入ってくるスピードも重要です。

利益率が高くても、売掛金や受取手形の回転率の悪い商品は効率も悪いし、資金繰りも圧迫します。

具体的に、売上総利益、回転率という観点から得意先別にどう考えるべきかを見てみましょう。

たとえば、A社、B社、C社、D社という4つの得意先があり、それぞれの売上総利益率（＝売上総利益÷売上高）は、A社（40％）、B社（45％）、C社（60％）、D社（50％）だったとします。

この場合、C社の効率がもっともよさそうですが、これだけで判断するのは危険なので、その売上債権がどれくらい回転しているかも見る必要があります。

得意先を分析してみる

検証するべきは……

①各社から得ている売上総利益率

②各社の売上債権の回転数

（この数値が高いほど、粗利益に対して実際に
入金してくれる効率がよいということ）

①×②＝売上債権粗利益率

**この数値が高い得意先の商品ほど
効率よく利益につながっている**

	売上総利益率	売上債権回転数	売上債権粗利益率	効率
A社	40%	8回	320%	第1位
B社	45%	6回	270%	第2位
C社	60%	3回	180%	第4位
D社	50%	5回	250%	第3位

→1位のA社に売る場合、利幅は薄いけれど
回収サイトが短いため、現金になるのが早い

各社の売上債権の回転数（＝売上高÷売上債権）を、ここでは、A社（8回）、B社（6回）、C社（3回）、D社（5回）だったとしましょう。

この2つの数字をかけあわせると、それぞれ次のようになります。

・A社（40％×8回＝320％）
・B社（45％×6回＝270％）
・C社（60％×3回＝180％）
・D社（50％×5回＝250％）

このかけ算した数値を「売上債権粗利益率」と言います。

ここで言う売上債権粗利益率とは、得意先別の効率を表しています。

これを効率のいい順番に並べると、第1位はA社（320％）、第2位はB社（270％）、第3位はD社（250％）、第4位はC社（180％）となります。

もっとも効率がよさそうであったC社が最下位となり、逆に、もっとも利益率の低かったA社が第1位なのです。

このように、得意先別の売上債権回転率を考えることは非常に重要です。

というのも、経営者の頭のなかは「売上－経費＝利益」という損益計算書中心の考え方になっていることも多く、粗利益が高い得意先や商品を重視しがちだからです。

それは一面では大切なことですが、効率という面ではむしろ経営を悪化させている可能性もあるのです。

新規で営業をする場合は、単価の交渉だけでなく、営業職の社員1人1人が支払サイトの最低基準も決めて交渉しなければならないということです。

ここは見落としやすく、そして、いったん落ちたら抜け出しにくいポイントなので、覚えておいていただければと思います。

5 「付加価値」について知っておこう

◎基本的な価値に上乗せされた価値

企業の生産性を表す重要な指標のひとつとして、「労働生産性」があります。

これは1人の従業員がどのくらいの付加価値を上げられたかということで、「労働生産性＝付加価値÷従業員数」で計算されます。

では、**「付加価値」とはなにを指すかというと、「それだけ価格を高くしても顧客が購入する部分の価値」を言います。**

まずここで、付加価値とはなにか、簡単に説明しておきましょう。

どんな業界にも言えることですが、同じような原材料、同程度の原価で作られている商品でも、販売時の値段は企業によって全く違います。

付加価値とはなにか？

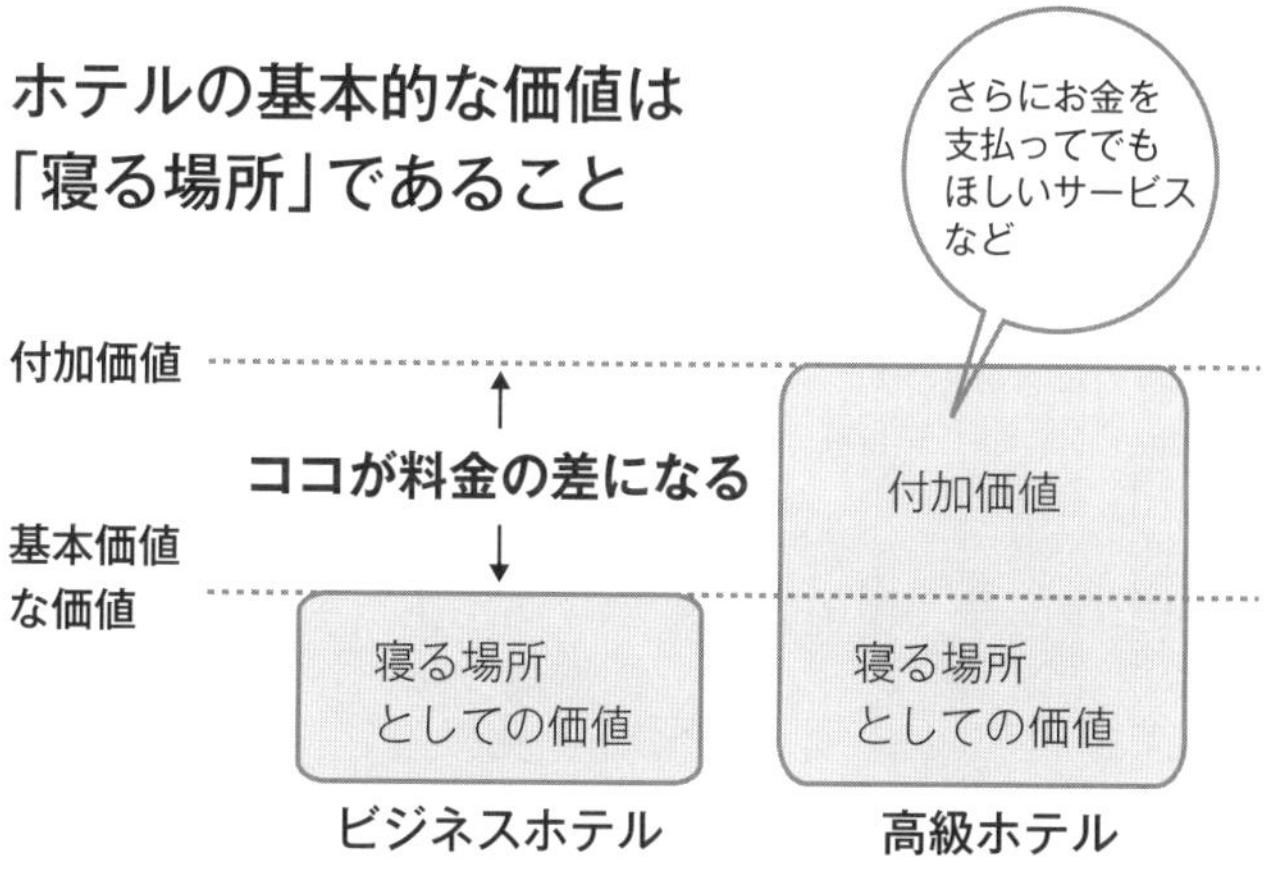

たとえば、実際にある高級ブランドのデニム生地のバッグで、1個10万円以上するものがあります。

もちろん、品質もしっかりしたものでしょうし、一般的なデニム生地とはかなり違うものかもしれません。

しかし、デニム生地はデニム生地ですので、原価があり得ないくらい高いということはないでしょう。

原価にそこまで大きな差はないと思われるバッグでも、銀座の高級ブティックで売っているのと、商店街で売っているのとでは、付加価値が違うのです。

この場合は、モノを持ち運ぶためのバッグであることが基本的な価値であり、ブランド名が付加価値となります。

「○○（ブランド名）のバッグを○○円で買った」というブランド名と、それに見合う高い金額というバランスが顧客に納得感を与え、売れ続ける結果となるのです。

こんなふうに、まず基本的な商品価値があり、そこに企業がさらに別の価値を上乗せした部分を付加価値と言います。

顧客はその会社が仕入れた価格に、その会社の利益（輸送費や宣伝広告費、人件費などの経費の負担額も含む）がプラスされた金額で買います。そのプラスされた部分が付加価値というわけです。

この付加価値は、損益計算書でいうところの、売上総利益（粗利益）に該当します。

ちなみに、昔からの慣習で複雑な流通形態をとっている業界では、意味なく中間マージンを取る会社が何社も入る場合があります。

ここに本当の付加価値はないので、これに関する流通革命が起きた場合には、中間マージンで生き延びている会社は倒産するしか道がありません。

6 1人あたりが生み出す付加価値を大きくする

◎労働生産性とはなんだろう

繰り返しになりますが、**1人の従業員がどのくらいの付加価値を上げられたか表す指標として、「労働生産性」があります。**そして、付加価値がある商品はそれだけ高く売れるため、損益計算書上では「売上総利益」と言えるのです。

「労働生産性＝付加価値÷従業員数」ですから、「労働生産性＝売上総利益÷従業員数」と言い換えることができます。

これをもっと細かく見ていきますが、話をわかりやすくするために、付加価値を粗利益（売上総利益）と言い換えます。

「労働生産性＝粗利益÷従業員数」ですから、この算式のイコール以降の部分を203ページの図のように展開することができます。

この2つ目のイコール以降の部分は、それぞれ「従業員1人あたりの売上高」と「粗利益率」をかけ合わせたものです。

粗利益率は、本来は付加価値率という名前なのですが、ここではわかりやすいように粗利益率としておきましょう。

この算式の意味することとは、企業の付加価値（＝労働生産性）とは、

・1人の従業員がどれだけの売上を上げたか？
・商品の粗利益率はどれくらいあるのか？（＝原価率はどのくらいであるのか？）

のかけ合わせだということです。

だから、労働生産性を上げたいならば、売上を伸ばす、従業員を少なくする、粗利益率を高めるという3つしかないのです。

もちろん、これは算式での話ですので、実際には市場、現場の状況も考慮したうえで決めるべき問題です。

労働生産性の考え方①

1人あたりの付加価値を表す労働生産性を別の算式（経営指標）に展開してみると？

$$労働生産性 = \frac{粗利益}{従業員数}$$

$$= \frac{売上高}{従業員数} \times \frac{粗利益}{売上高}$$

↙ 従業員1人あたりの売上高

↘ 粗利益率（＝付加価値率）

◎上記のいずれか、または両方の数値が上がれば企業の付加価値は高まる

→①売上が上がる

→②従業員数が少なくなる

→③粗利益率が高まる

7 1人あたりが生み出す売上高を大きくする

◎固定資産を増やし、従業員を減らす

前の項目では粗利益（付加価値）を上げるためには1人あたりの売上高を上げる、または、粗利益率を上げるという話をしました。

では、1人あたりの売上高を上げるためにはどうしたらいいのでしょうか?

売上は「単価×数量」ですので、販売単価を上げる、1人あたりの販売量を増やせるように生産量をもっと増やすなどの方法があります。

これは有形固定資産の効率化を推進し、製造効率を上げるなどの側面もあります。

また、従業員1人あたりの売上高は、同じ業界でも相当の差が開くことがあります。

それは、その企業が販売している商品やサービスが、どれだけの付加価値を提供でき

労働生産性の考え方②

1人あたりの付加価値を表す労働生産性を別の算式（経営指標）に展開してみると？

$$労働生産性 = \frac{粗利益}{従業員数}$$

$$= \frac{固定資産}{従業員数} \times \frac{粗利益}{固定資産}$$

労働装備率
（1人あたりの固定資産の額）

設備生産性
（固定資産が何倍の利益を生み出したか）

◎上記のいずれか、または両方の数値が上がれば企業の付加価値は高まる

①固定資産が増える
（単に増えればいいものではなく、効率のいい投資が重要）

②従業員数が減る
（効率的な設備投資により、従業員を減らすことができる）

③効率が上がることにより、粗利益がより上がる

ているかということを表しています。

付加価値率を上げるためには、「より精巧な製品を作って単価を上げる方法」もありますが、もうひとつ、「効率のいい機械の導入により、材料費の無駄が少なくなるようにする方法」もあります。

この、機械の導入によって付加価値を増やす考え方を、労働生産性の計算式で表すこともできます。205ページの図をご覧ください。

「労働生産性＝労働装備率×設備生産性」となります。

「労働装備率」の計算式は「**労働装備率＝固定資産÷従業員数**」となり、従業員1人あたりの固定資産の額を表しています。

一方、「設備生産性」の計算式は、「**設備生産性＝粗利益÷固定資産**」となり、固定資産が何倍の粗利益を生み出したかを表すものです。

つまり、

労働装備率↓少ない社員数で多くの固定資産を持っているほうが効率がよい

設備生産性↓少ない固定資産で多くの粗利益を上げることが効率がよい

ということになります。

この式を見ると、**労働装備率を上げるためには固定資産を増やせばいいのですが、単純に増やしただけでは逆に設備生産性は下がってしまいます。**

だから、このかけ合わせの結果を上げるためには、適正な投資をして固定資産を増やして効率を上げ、従業員を減らし、かつ、粗利益を上げていくことが必要になるのです。

このバランスが必要な考え方なのです。

◎労働生産性を上げる4要素とは？

前ページでご紹介した「設備生産性」について、詳しく見ていきましょう。

設備生産性は、209ページの上の算式のように展開できます。

つまり、設備生産性というのは、その企業の商品にどれだけの付加価値があるかという粗利益率と、186ページで解説した固定資産の回転率のかけ合わせなのです。

そして、この式を、前の項目で説明した労働生産性の計算式に代入すると、209ページの下の算式が成り立ちます。

このまとめた算式を見てみると、結果として労働生産性を上げる要素は、

①従業員数

②固定資産
③売上高
④粗利益

という4要素ということになります。

そして、それぞれを高める細かな要素として、たとえば、売上であれば、単価を上げる、商品構成を粗利益の高いものに組み換えるなどの方法があるということなのです。固定資産であれば、遊休資産などを売却し、効率のいい設備に変更するなどの方法もあります。

いずれにせよ、適正な従業員数、適正な固定資産額がベースとなり、売上、粗利益が上がる状況を作っている会社が付加価値が高い会社と言うことができるのです。

労働生産性の考え方③

設備生産性は、次のように展開できる

$$\frac{\text{粗利益}}{\text{固定資産}} = \frac{\text{粗利益}}{\text{売上高}} \times \frac{\text{売上高}}{\text{固定資産}}$$

設備生産性　　粗利益率＝付加価値率　　固定資産回転率

これを労働生産性の式に代入すると……

$$\text{労働生産性} = \frac{\text{粗利益}}{\text{従業員数}}$$

$$= \frac{\text{固定資産}}{\text{従業員数}} \times \frac{\text{粗利益}}{\text{固定資産}}$$

$$= \frac{\text{固定資産}}{\text{従業員数}} \times \frac{\text{粗利益}}{\text{売上高}} \times \frac{\text{売上高}}{\text{固定資産}}$$

労働装備率　　粗利益率　　固定資産回転率

労働生産性を上げる要素は次の 4 要素。
①従業員数、②固定資産、③売上高、④粗利益

7 人件費の割合から効率を考えてみよう

◎労働分配率とはなんだろう

労働分配率とは、付加価値（粗利益）に占める人件費の割合のことです。

労働分配率が高いということは、会社が高付加価値を提供しつつ、社員の給与も高いという可能性もありますが、そうではなく単に粗利益が少ないから率が高くなっている場合もあります。

だから、単純に高いから良い悪い、低いから良い悪いと言うことはできず、1人あたりの給与額なども併せて考えることが重要です。

計算式は「労働分配率＝人件費 ÷ 付加価値（粗利益）」です。

この労働分配率は、労働者の働き（＝粗利益生み出すための貢献）に対するお金の分配を表しています。ちなみに、よく似た言葉で「人件費率」というものがありますが、これは売上高に占める人件費の割合のことを指します。

ここでは、会社の人件費を適正に保つための指標として、この労働分配率について一緒に考えてみましょう。

ベースになるのは、1人あたりの人件費です。213ページの図をご覧ください。

1人あたりの平均人件費は、「労働分配率×労働生産性」で表すことができます。

つまり、「労働分配率」か「労働生産性」のどちらか、あるいは両方の数値が高くなれば、1人あたりの人件費は高くなります。(もちろん、人件費を高くすること自体は、従業員の生活、モチベーションを考えれば重要な要素のひとつです)。


このうち、労働生産性を上げる話はすでに終わっていますので、労働分配率の話を中心に説明を続けましょう。

労働分配率は「労働分配率＝人権費率÷粗利益率」という計算式に展開することができます(213ページの図参照)。

これを見るとわかるのですが、労働分配率は人件費率が高い場合、または、粗利益率が低い場合に高くなります。

したがって、この労働分配率が高い（特に、業界平均よりも高い）ということは、
①売上が少ない
②粗利益も少ない
③粗利益率も低い
ということも考えられるということです。

当然、そういう会社は長期的な雇用を維持することはできないので、本書で書いてきたような項目を抜本的に改善する必要があります。

見た目だけで判断し、「労働分配率が高い会社＝いい会社」ではないのです。

ちなみに、労働分配率は業種によってもかなりの違いがありますが、50％～60％くらいの範囲となることが多い結果となっています。

適正な人件費とは

1人あたりの平均人件費を知る計算

$$\frac{人件費}{従業員数} = \frac{人件費}{粗利益} \times \frac{粗利益}{従業員数}$$

1人あたりの平均人件費 ＝ 労働分配率 × 労働生産性

（労働分配率・労働生産性）ここが大きいと平均人件費も大きくなる

労働分配率は次のように展開できる

$$\frac{人件費}{粗利益} = \frac{人件費}{売上高} \div \frac{粗利益}{売上高}$$

労働分配率 ＝ 人件費率 ÷ 粗利益率

労働分配率が高いということは……

①売上が少ない
②粗利益も少ない
③粗利益率も低い
という場合も多い

労働分配率は、50〜60%が平均的！

第６章
「適正な収益をあげている会社か見極めよう」
のまとめ

□ 小さな元手で大きな利益を出す「資本利益率」という考え方が重要。総資本、あるいは自己資本をどれだけ効率的に使えているか、ＲＯＡとＲＯＥでチェックしよう

□ 総資本を効率的に使うということは、総資本の回転率を上げるということ。また、総資本の回転率が低いということは、各資産の回転率が低いということでもあり、一つ一つ改善していくことが求められる

□ 売上総利益が低い場合は、得意先別の単価や利益率、売上債権の回転率をチェック。条件の改善を話し合うなり、別の取引先を見つけるなりする必要がある

□ １人あたりが、どれだけの売上高や付加価値を上げているか計算してみよう。これを今より増やすための対策を練ることが収益性を高める

<著者紹介>

見田村元宣（みたむら　もとのぶ）

昭和43年愛知県生まれ。平成5年早稲田大学卒。その後、（株）タクトコンサルティング・本郷会計事務所等を経て、平成14年1月に株式会社　日本中央会計事務所の代表取締役に就任。平成14年4月に日本中央税理士法人の代表社員に就任。

現在は売上増加のマーケティング、節税コンサルティング、税務調査対策、相続、事業承継等のコンサルティング及びセミナーを主な業務の中心として活動。

テレビ埼玉「埼玉経済情報」のレギュラーコメンテーター、有線放送「隣の社長が儲かる理由」のレギュラーパーソナリティーとしての経験もある。また、発行しているメールマガジンの読者は約65,000人であり、日本全国の個人、法人からさまざまな相談が持ち込まれる。

著書に『あの社長の羽振りがいいのにはワケがある』（すばる舎リンケージ）、『「儲かる！会社」に一瞬で変わる』（インデックス・コミュニケーションズ）などがあり、好評を博している。

[ウェブサイト]　絶対節税の裏技77　http://www.77setsuzei.com

これだけ！　B/SとP/L

2013年7月25日　　第1刷発行
2015年6月 6日　　第5刷発行

著　者――見田村元宣

発行者――八谷智範

発行所――株式会社すばる舎リンケージ
〒170-0013　東京都豊島区東池袋3-9-7　東池袋織本ビル1階
TEL 03-6907-7827　　FAX 03-6907-7877
URL http://www.subarusya-linkage.jp/

発売元――株式会社すばる舎
〒170-0013　東京都豊島区東池袋3-9-7　東池袋織本ビル
TEL 03-3981-8651（代表）
03-3981-0767（営業部直通）
振替 00140-7-116563
URL http://www.subarusya.jp/

印　刷――株式会社ベクトル印刷

落丁・乱丁本はお取り替えいたします。

ISBN978-4-7991-0265-7